做研无边界的大先生

潘德坤 / 主编

辽宁人民出版社

图书在版编目（CIP）数据

做研无边界的大先生 / 潘德坤主编 . -- 沈阳：辽宁人民出版社，2025. 1. -- ISBN 978-7-205-11407-7

Ⅰ . G63-53

中国国家版本馆 CIP 数据核字第 2024N6V975 号

出版发行：辽宁人民出版社
　　　　地址：沈阳市和平区十一纬路 25 号　邮编：110003
　　　　电话：024-23284191（发行部）　024-23284304（办公室）
　　　　http : //www.lnpph.com.cn
印　　　刷：天津光之彩印刷有限公司
幅面尺寸：165mm×235mm
印　　张：16
字　　数：204 千字
出版时间：2025 年 1 月第 1 版
印刷时间：2025 年 1 月第 1 次印刷
责任编辑：赵维宁　段　琼
装帧设计：一诺设计
责任校对：吴艳杰
书　　号：ISBN 978-7-205-11407-7

定　　价：60.00 元

序　言

　　弦歌不辍，薪火相传。在这个日新月异的时代，教育作为社会进步的基石，其重要性不言而喻。站在历史与未来的交汇点上，教育传承与创新是推动社会持续发展的关键力量。问渠那得清如许，为有源头活水来。在基础教育改革的春风吹拂下，沈阳市第七中学立足于教学实际，锐意进取，拼搏创新，积极探索教育教学的新思路，使教育教学的探究之路焕发出生机活力。十年来，七中人奋战在教学一线，在先进的科研思想指引下，在深厚的研究氛围熏陶中，心血与智慧凝结出了一批优秀的教学成果。古人有云，太上有立德，其次有立功，其次有立言。著书立说，其中饱含着的是七中人对于教育的真知灼见，是推动教育科研成果落地、让教学智慧能够辐射到更远的范围、让更多的学生可以因此受益的拳拳奉献之心。

　　进入新时代，七中人深谙"奋楫者先，创新者强"的道理，在恢弘的新发展理念指引下，七中人把握教育改革不断深入的时代大背景，在实践中探索，践行"卓越教育"理念，激励师生焕发潜能、超越自己、事事争先、全面发展。

　　沈阳市第七中学主校区始建于1907年，是一所跨越世纪、超越百年的历史名校。在厚重的文化积淀和卓越精神的传承下，学校目前已构建"三学段衔接、五校区共进、六点位联动"的集团化办学体系。学校以"怀幸福梦想 办卓越教育"为办学理念，全面落实立德树人根本任务，严格贯彻"双减"政策，全力构建卓越文化，全程培养卓越学生，全心打造高品质的幸福教育。近年来，学校创新性地提出无边界卓越教育，全面叫响"今天我们的样子就是七中的样子，明天我们的样子就是未来中国的样子"。学校无边界卓越教育育人体系逐渐完善，被评为基础教育综合改革国家实验区创新成果一等奖。学校教学质量长期位居全市前列。

这本书由沈阳市第七中学校领导及该校沈阳市教育科研"十百千工程"研究型教师共同参与编写。本书共包括卓越教育、精研设计、学有情境、教法集萃、课后功夫、能力擢升六部分内容，书中围绕这六个方面，结合七中教育教学实际，汇集了学校及教师在教育教学方面的研究成果，具有示范性、指导性、实用性和可操作性，是对学校无边界教育理念和自身教学经验做法的有效总结，也给更多初中学校进行基础教育综合改革提供了参照样本，具有积极的研究和实践价值。

教育是国之大计，党之大计。教师是立教之本、兴教之源。建设社会主义现代化强国，对教师队伍建设提出新的更高要求。愿大家从本书中汲取教育智慧，遵循中小学生身心发展的规律，以科学的教育方法为基础加以创新，贯彻落实新发展理念，立足教育教学实际，准确把握新时代新形势，以教育家精神培养堪当大任的时代新人。

教育部小学校长培训中心常务副主任

北京师范大学校长培训学院院长

陈锁明博士

目　录

学有情境

教法集萃

课后功夫

能力擢升

卓／越／教／育
ZHUO YUE JIAO YU

以无边界教育引领每一个孩子走向卓越

——沈阳市第七中学"无边界卓越教育"办学思想

◎潘德坤

教育的本质在于持续推动"人的发展"。信息化、智能化时代的到来使教育形态也在不断发展演变。课程改革持续深化，教学形式趋于多元，课程结构不断优化，未来的教育该是什么模样？沈阳市第七中学（简称"七中"）在追求卓越办学的道路上，以无边界的视野探寻答案。突破传统教育的束缚，秉持开放、包容、创新的教育理念，引领每一个孩子走向卓越。

一、无边界卓越教育的思考提出

（一）卓越教育的孕育发展

沈阳市第七中学始建于 1907 年，百年历史沉淀了七中深厚的文化底蕴，也逐渐形成了以"卓越"为内核的办学理念。

何为卓越？在字典中，"卓"的意思是"越过、高出"，"越"是"跨越、超越"。《说文解字》中说"卓，高也，凡言卓荦、谓殊绝也"；"越，度也，从走"。卓越是对当下的一种超越，它代表一种精神、一种品质、一种个性、一种态度。

20世纪90年代，七中的"卓越"办学主要聚焦于智育这一"点"，并将其视为评判教育水平的关键指标。这是卓越教育的初步形态，即卓越办学1.0版。

进入21世纪初，卓越办学由智育的"点"拓展到"德智体美劳"的面，致力于培养"品行卓越、学识卓越、能力卓越"的英才，旨在实现全面育人、全面发展和面向未来的教育目标。这是卓越教育的升级版，即卓越办学2.0版。

随着科技的不断发展和人口结构的深刻变革，社会对人才的需求正呈现出更加综合且多元化的趋势。2.0版卓越办学模式已难以适应新时代对人才的全面要求。七中亟须将卓越办学从"面"向"域"进行升级转型，实现更加开放的立体化办学。因此七中引入"无边界教育"这一概念，对卓越办学内涵进一步拓展延伸，创造性地提出"无边界卓越教育"的办学思想，实现卓越办学的迭代升级，即卓越办学的3.0版。

（二）无边界理念的拓展深化

"无边界"这一理念最初源自杰克·韦尔奇在企业管理领域的探索与倡导。伴随着经济全球化的日益深入以及信息技术的飞速进步，其核心理念逐渐突破原有领域，开始在教育领域中展现出深远的影响。进入20世纪90年代，澳大利亚知名学者斯图尔特·卡宁汉姆等人以前瞻性的视野，率先提出了"无边界教育"这一创新概念，并成功地在高等教育实践中加以应用与推广。此举不仅为高等教育的发展注入了新的活力，同时也为基础教育的改革理念带来了全新的启示与方向。

所谓的"无边界教育"，并非意指教育本身无界限存在，而是主张突破传统教育中师生、空间、时间、学科、人际及资源等方面的既有界限与隔阂，将教育打造为一个开放性系统，从而广泛吸纳各类优质教育资源，并呈现出一种融合教育的全新样态。"无边界教育"致力于突破现有教育体系中单一课程模式、单一育人模式以及单一评价方式的束缚，力求打造多元化的课程资源和灵活多样的教学方式。其核心理念在于为每一位学生量身定制适合其发展的教育方案，并重新将焦点放在回归教育的本质之上。通过构建全面而系统的教育生活体系，"无边界教育"旨在全面推动学生的整体发展，实现教育的全方位提升。

（三）无边界卓越教育的开拓

"无边界教育"理念的引入，为七中构建"无边界卓越教育"提供了坚实的理论支撑与明确的参考依据。在这一框架中，"卓越"是学校的办学目标与追求，而"无边界"则是实现卓越教育的重要路径、有效方法与策略选择。

2022年4月，国家教育部正式颁布了《义务教育课程方案和课程标准（2022年版）》，该方案与标准在人才培养方面明确提出了指导性意见。其核心目标在于培育具备崇高理想、卓越本领和坚定担当精神的德智体美劳全面发展的社会主义建设者和接班人。特别强调对学生发展核心素养的关注和培养，致力于造就一批能够适应未来社会发展需求，拥有正确价值观、必备品格和关键能力的优秀人才。

由此，七中在卓越办学的道路上转向全面培养具备核心素养、必备品格以及关键能力的新时代人才。育人变革的迭代升级实际上与学校以往卓越的办学传统紧密相连。核心素养的培养是对学生学识卓越的进一步深化与拓展，必备品格的塑造则是品行卓越的延续与提升，而关键能力的培育则与卓越能力的要求相契合。

"无边界"作为办学的核心方向与路径，在新时代七中的"卓越教育"实践中发挥着引领作用，不断拓宽教育的深度与广度：打造教育新场景，高位赋能学习内驱力；实现教育新连接，释放资源整合的无限潜能；打造教育新生态，形成孩子卓越成长的"村庄群落"，从而形成优质学校转型的新质生产力。其核心内涵在于：在组织建设上，创办一所开放、合作、共享的持续发展的动态组织学校；在发展理念上，指向师生内在潜能的激发和未来的卓越发展；在实践创新上，突出对教育地理边界和时间空间的突破与融合；在核心特征上，强调个体能动性、资源渗透性、价值观统一性。

二、无边界卓越教育的办学实践

无边界卓越教育在具体实践中着力关注"七个无边界"，最终构成无边界卓越教育理论体系。即：办学理念无边界、组织管理无边界、育人资源无边界、课程教学无边界、教师发展无边界、学生发展无边界和科学评价无边界。

（一）办学理念无边界，引领学校办学新方向

在"无边界卓越教育"理念的指引下，七中在办学目标、育人目标、校风、教风、学风及校训等方面构建起了系统且独特的办学理念文化。具体体现在：办学目标是"努力创办一所能够为民族复兴孕育无限希望，为师生卓越成长提供无限可能的品牌学校"；育人目标是"着力培养具备核心素养、必备品格以及关键能力，能够在未来适应、促进、引领社会发展，承担民族复兴大任的新时代人才"；校风是"卓然独立，越而胜己"；教风是"日新其德，时精其业"；学风是"崇德向善，乐学善思"；校训是"卓尔不群，自强不息。今天我们的样子就是七中的样子，明天我们的样子就是未来中国的样子"。

（二）组织管理无边界，激发集团办学新效能

是协同发展还是彼此内耗，这是多校区集团办学的共性课题，我们在组织管理方面，消融边界，采取扁平化组织架构、条块式分工机制，确立以党组织领导校长负责制为决策核心、集团部门为统筹核心、校区（年部）

为执行核心的集团行动范式。集团管理机制的核心是"统分、纵横、收放"，各校区以统一的文化价值观为核心、以统一的质量标准为引领，实现个性发展，营造精品管理，在自身特色的基础上共享资源与荣誉。

（三）育人资源无边界，构建卓越育人共同体

学校，其实就是把需要成长和能够解决需要成长的人与资源相连接，培养新时代创新型人才，实现高质量发展，更需要学校做到高质量连接。学校致力构建"一核引领、两系为基、三维融合"校家社无边界卓越教育共同体，突破内部不同群体、外部社会组织和家庭之间的边界，为学校教师教学和学生提供尽可能多的优质教育和成长所需资源。各类家长、高校、科研院所、群团组织等共同组成七中无边界卓越教育村落，资源有潜力，我们需要做的是探索到它下面巨大的冰山，将现有资源发挥到极致，产生聚合效应。

（四）课程教学无边界，优化卓越课程新体系

学校积极推行精细化"五维"教学管理模式，坚持以一个中心为核心、两个基本点为基石、三个围绕为导向、四个贯彻为准则、五个具备为标准的管理理念。在教学管理实践中强调四种意识的培养：人文意识、校本意识、引领意识和服务意识。人文意识要求教学管理做到"三立"，即确立方向、建立环境和树立榜样；校本意识则强调教学管理要做到"三真"，即真实跟进教学进度，认真抓好教学实施，真切监管教学质量；引领意识则要求教学管理应积极担当起"三个一"，即教学干部与老师"在一起"，教学干部"多一些"前瞻性和积极性，早来、晚走、多想、多做，"少一些"浮躁、虚无和形式主义的倾向；服务意识则体现在教学管理中做到"三容"，即从容应对、兼容并蓄及包容差异。科学全面的教学管理体系为课程变革的实施提供了坚实的保障。

学校以新的课程体系构建推动学生学习方式变革：在课程理念上，倡

导"给成长无限卓越可能"，不让课程的局限，禁锢成长的无限，而让课程的无限，拓展生命的卓越。在课程目标上，明晰了以"三个卓越"为前提的育人指向。在课程内容上，倡导由内容封闭走向边界开放，构建了以核心课程、综合课程和拓展课程为主体的"两级三层"课程框架，让课程不止于课堂，学习不止于教室。以核心课程夯实学生基础，以综合课程凸显育人的全面性和综合性，以拓展课程激发学生的发展潜能。

（五）教师发展无边界，营造卓越研修新生态

学生发展的边界很大程度上取决于教师专业发展的边界，我们打破传统教师研修模式和边界，提出以"教研培一体化"为指导思想，以"精研深广、内外双驱"为主要发展方向，以"综合性、融合性、专业性"为核心特征，以"集卓教研""以赛促教""两大工程""辐射引领"为实施路径的教师研修体系，为教师的专业成长的无限可能提供坚实的发展平台。

（六）学生发展无边界，打造五育融合新范式

无边界卓越教育最终指向的是"人的发展"，激发学生潜能，满足学生全面发展和个性发展的需要。为此我们致力构建以"素养＋兴趣、分层＋自适、学科＋育人、课程＋社团、学校＋社会"的"五＋"五育融合新范式，在这种范式引领下，"七中七德""十班的故事"成为七中智育的新诠释，"启卓讲堂""卓越少年科学院"、篮球、足球、冰球、武术、网球、射击、击剑、书法、民乐、交响乐、现代农业等特色平台为孩子发展提供更多可能。

（七）科学评价无边界，探索卓越评价新方式

打破单一评价方式，通过改进结果评价、强化过程评价、探索增值评价、健全综合评价，构建"评价内容多元化、评价方式多元化、评价载体多元化、评价主体多元化、评价环境多元化"的无边界育人评价体系。如举办书画节、科技节等学科节，开展篮球赛、皮划艇、击剑等体育活

动，举行音乐会、舞台实验剧等文艺演出。此外，通过"五思会""午思慧""吾思诲"等方式实施学生自我评价。

三、无边界卓越教育的价值初显

在"无边界卓越教育"办学思想的引领下，沈阳七中发展焕发了新的生机与活力。主要体现在：学校办学内涵更新迭代。无边界卓越教育理念及办学主张得到省市领导的高度评价，办学案例被评为沈阳市国家基础教育综合改革实验区创新成果一等奖；学校办学样态全面丰富。初步打破时间空间学科等边界对教育的制约，强调价值观统一性、资源渗透性、个体能动性为特征的无边界学校生态圈正在逐步形成；学校全面育人屡获佳绩。德育案例被教育部评选为典型案例，学校荣获全国国防特色校、辽宁省家庭教育先进单位、沈阳青年五四奖章集体等荣誉；学校学生发展日趋多样。各类课程、社团空前繁荣，学生发展平台全面丰富，在全国、省市等各类活动比赛中大放异彩，五育融合成果显著；学校社会声誉全面提升。社会各界对学校办学理念以及育人方式等方面给予更多新的正向评价，旧有印象逐步打破。

"无边界卓越教育"不仅是一种办学思想，更是一种教育追求。它紧贴"立德树人"的根本任务，符合国家提倡的教育改革发展趋势。其阶段性实践成果充分印证了这一办学思想的先进性。未来，沈阳市第七中学仍将继续深耕，推动无边界卓越教育向纵深发展，在教育改革的赛道上跑出七中加速度，做出七中新贡献，书写加快推进教育现代化、建设教育强国、办好人民满意教育的新篇章！

以综合改革项目为引领 打造无边界卓越教育

◎潘德坤 王秀新 赵 楠

随着教育改革的不断深入，基础教育综合改革项目成为推动学校持续发展与质量提升的关键引擎。七中作为一所具有深厚文化底蕴和鲜明办学特色的学校，积极响应国家及地方教育部门的号召，以基础教育综合改革（以下简称"综改"）项目为契机，全面推进学校改革与发展。作为沈阳市基础教育改革的先行者，七中深刻认识到综改项目对学校发展的重要性，成立综改项目实施专班，紧扣幸福教育核心理念，结合区域特色，全力推进综改项目的实施。通过综改项目的推进，学校践行习近平总书记在沈阳考察讲话中提出的"两邻"理念，聚焦"五育并举"育人主题，"以家为伴，与社为善"，构建新时代家校社协同育人长效实践机制，形成"一核引领、两系为基、三维融合"的无边界卓越教育育人体系，进行新时代创新型人才培养的多维实践路径探索。

一、以综改项目为契机，统筹规划价值观引领

在沈阳市基础教育综合改革环境下，学校抓住机遇，统筹顶层设计规

划，确立价值观引领。

（一）勇立综合改革潮头，绘就幸福教育蓝图

沈阳市教育局全面贯彻党的教育方针，落实立德树人根本任务，以"安全、健康、乐学、成长"的幸福教育为主线，以推进学生"身体健康、心理健康、心灵健康"为根本，以"双减"改革试点为牵动，以构建新时代基础教育高质量教育体系、高标准提升育人质量为目标，深入推进基础教育综合改革国家实验区建设工作。七中以综改项目为驱动，聚焦创新人才培养，彰显卓越教育价值。七中努力寻求适应现代教育发展的路径，以"无边界卓越教育"为核心的品牌学校办学体系的整体框架正在逐渐形成。

（二）深度理解"两邻"理念，教育领域创新应用

2013年8月，习近平总书记在沈阳市沈河区大南街道多福社区考察时指出，"社区建设光靠钱不行，要与邻为善、以邻为伴"。"两邻"理念体现了以人民为中心的社区治理价值追求，将分散的个体汇聚成社区建设的合力，具有深厚的实践性和人文关怀性。

"两邻"理念的引领对学校教育具有重要的启示作用。针对义务教育阶段创新人才基础培养过程中，学校、家庭和社会优势教育资源难以匹配，不同主体教育责任缺位、错位、越位的问题，七中将"两邻"理念在创新型人才基础培养实践中进行具体应用与创新拓展，把家校社协同育人核心理念确定为"以家为伴、与社为善"。

（三）卓越教育新升级，无边界理念特色化

七中对"卓越教育"的关注始于2004年，教育改革的浪潮与学校的转型发展是当时亟待解决的重大问题，校领导提出学校要将以培养部分优秀学生为重点的"精英教育"转变为全员式发展的"卓越教育"，努力培养"品行卓越、学识卓越、能力卓越"的现代中学生。2021年"双减"政策落地后，为了使学校适应新时代教育发展的趋势，七中领导基于学校原

有理念，创造性地提出了构建"无边界卓越教育"的新理念。所谓"无边界"，即课堂广度无边界、育人资源无边界、家校融合无边界、师生发展无边界及教育辐射无边界。

二、以综改项目为驱动，确定"一核两系三维"育人路径

七中立足于推进"两邻"治理理念向教育实践转化，以强力支撑学校"卓越教育"创新人才培养，"以家为伴，与社为善"，从家校社三个维度打破学校办学多重界限，整合三维主体的优势教育资源，构建协同创新体制机制，形成"一核引领、两系为基、三维融合"的无边界卓越教育育人体系，打造家校社各在其位、各负其责、各美其美、美美与共的教育新样态，探索出推动创新型人才基础培养的多元实施路径。"一核"引领，即以核心素养导向的无边界卓越教育为引领；"两系"为基，即构建家校社协同育人的共治体系、无边界卓越教育的课程体系；"三维"融合，即以学校作为主导性主体、以家庭作为主动性主体、以社会作为互动性主体，建立共治、共建、互联的新型教育伙伴关系，协同实施创新型人才基础培养。具体实施路径如下。

（一）构建"三维"协同育人的共治体系

面对新时代发展对全面育人和创新人才培养的新要求，学校以整体性和系统性思维，打破单一主体育人方式，积极吸纳家庭、社会不同利益主体参与学校治理和课程建设，重新梳理界定学校内部各治理主体的位置和权力责任界限，理顺各利益主体的关系，构建以集团党委、校部班三级家长委员会、社区幸福教育共同体为核心的"三维"共治体系，成立家庭教育促进指导中心，将家校社协同育人工作推进制度化，逐步构建包括管理体制、运行机制、课程体系、科学评价、保障措施的共治体系，构建家校社多元参与、协同共治、灵活联动的治理体系。

"三维"共治体系的建立，将各主体、各要素整合成一个育人网络，从

人、事、环境的协同等多个维度出发，搭建多样化平台，构建资源整合、信息交互、优势互补、合作共进的协作机制，使学校治理组织从单边连接走向多维协同，管理从层级链条走向生态网络，育人方式从无序合作转向有序协调。

（二）构建无边界卓越教育的课程体系

无边界卓越教育的课程体系紧紧围绕"安全、健康、乐学、成长"这一幸福教育核心理念，在传承学校卓越文化的基础上，对原有的课程体系进行创造性升级，架构起"一目标、三主体、九课程"的协调育人课程体系。其中，"一目标"是指课程体系以"培养创新型人才"为培养目标；"三主体"是指以学校为主导型主体、以家庭为主动型主体、以社会为互助型主体；"九课程"是指学校主体下的国家课程、地方课程和校本课程，家庭主体下的基于学生创新力的家长"启卓"课堂、基于家庭教育专业化的课程资源和基于家校共育有效互动的实践活动，社会主体下的创新型人才培养的融创基地、与社区联动的素质拓展实践基地和劳模精神引领下的思政教育基地。该体系打通了德智体美劳"五育"边界，通过校内校外教育资源，将不同学科、不同领域、不同学段的内容、知识、思想、经验进行有机整合，生动构建出无边界卓越教育课程体系，实现教育资源无边界、课堂广度无边界、课程模式无边界、学习场所无边界和学生发展无边界，进一步走向核心素养导向的卓越教育。

三、以综改项目为引擎，开展无边界卓越教育实践

在基础教育综合改革中，学校坚持创新，深化家校合作，拓展校社联动，推进课堂改革与多元评价，开展无边界卓越教育实践探索，为学生全面发展筑牢基石，为综合改革注入新动力。

（一）基于协同创新的家校共创模式的探索与实践

1. 创设基于学生创新力的家长"启卓"课堂

为了培养新时代学生的创新精神、创造能力，七中创设基于学生创新力的家长"启卓"课堂，邀请各行各业的家长走进学校、走上讲台，为学生讲授军事、高科技、航空航天、医学、人文艺术、天文气象、物流等领域的专业知识。高质量、多领域、宽视角和可选择的成长课堂，为学生创新力的培育提供了坚实的基础。

2. 开发基于家庭教育专业化的课程资源

为切实提升家庭教育的专业水平，七中充分发挥名师、名班主任的优势，成立学校家庭教育促进指导中心，组建导师团走进家庭，为有需要的家长提供专业支持；与沈河区家庭教育学校合作，举办家庭教育讲堂，让"家庭教育专家引领"落地生根；学校编写并向家长发放《卓越家庭教育指导手册》，针对孩子在学习和生活中出现的一些常见的成长问题，从现象、成因和解决问题办法等方面提供指导，增强家长在品德培育、学业水平提升和综合素质提升等方面的家庭辅导能力；学校开通"七中·家庭教育"微信公众平台，每周发布"优秀家庭教育案例""家庭教育小妙招"等内容，引导家长更新家庭教育观念、调整家庭教育方法，向家长普及相关常识。

3. 组织基于家校共育有效互动的实践活动

学校组织实施一系列亲子家庭教育实践活动。例如，邀请家长到校参与亲子阅读、亲子心理团训活动、参加运动会比赛项目，增加家长与孩子之间的亲密度；设立家长护学岗，家校共同为孩子的安全建起坚固的屏障，消除学校门前车辆拥堵带来的安全隐患；邀请家长监督和参与校服征订工作；将家长代表纳入学校膳食委员会，建立家长陪餐制，把关食品质量与安全；寒暑假期间组织"百名教师进千名学子家庭"活动，助力家庭教育。

（二）基于协同创新的校社共创模式的探索与实践

1. 共建培养各类创新型人才的融创基地

七中聚焦科技发展前沿、建立系统专业认知、树立远大成才目标。七中与辽宁某篮球俱乐部合作共建"青少年篮球精英培养基地"；借助五里河校区地缘优势，设立赛艇运动基地；与沈阳音乐学院合作，成立交响乐团，实现乐器大面积普及等。

2. 共建与社区联动的素质拓展实践基地

七中与社区共建素质拓展基地，着力开展提升学生自身素质的教育和服务。例如，开展千名师生进街道社区"共扫一场雪"活动；教师在寒暑假期间进社区开设中小学生公益课堂；组织学生开展"我向社区报到"活动，开展"五育护照"通关，学生竞选"人大小代表"，鼓励学生围绕社区建设、街道交通等问题形成调研报告，与区人大、政协合作，将调研报告汇总成议案，从而参与社区治理工作。

3. 共建劳模精神引领下的思政教育基地

七中以劳模精神为推动青少年成长成才的动力，与沈阳市劳模纪念馆共建校外思政基地，建设劳模文化长廊，邀请各级劳模进校开设劳模讲堂，以劳模名字授予班名，创设劳模班级。

（三）形成协同创新的课堂实施新模式

七中基于学生核心素养发展的要求，针对不同主体实施的课程，优化课堂实施模式。其中，以学校为主体的国家课程、地方课程及校本课程，通过跨学科主题学习的模式实施，以"项目化学习"为抓手，带动课程综合化实施，实现跨学科融合无边界；以家庭为主体的课程，通过家校场域互换、身份角色体验等实施模式进行，消除家校间因沟通了解不畅而产生的隔阂，实现育人环境的无边界；以社会力量为主体的课程，通过研究性学习、实地调研考察等实施模式进行，实现知识获取无边界。

（四）构建多元化的无边界育人评价体系

在无边界育人观的指引下，七中通过改进结果评价、强化过程评价、探索增值评价、健全综合评价，构建了"评价内容多元化、评价方式多元化、评价载体多元化、评价主体多元化、评价环境多元化"的无边界育人评价体系。借助实施综改项目，创新评价理念，改革评价机制，搭建多种评价方式，如举办书画节、科技节等学科节，开展篮球赛、皮划艇、击剑等体育活动，举行音乐会、舞台实验剧等文艺演出。此外，学校通过"五思会""午思慧""吾思诲"等方式实施学生自我评价。

四、推广与应用：以综改项目为常态，辐射区域教育高质量均衡发展

随着综合改革实验项目的稳步推进，无边界卓越教育育人体系让创新型人才基础培养落到实处，实现了"时时创新、处处创新、人人创新"的愿景。七中加强经验总结，推动综改项目常态化，充分发挥引领和辐射作用，推动区域教育优质均衡发展，以期为其他学校提供有益的借鉴与参考。

（一）办学内涵持续更新

无边界卓越教育育人体系明确了学校、家庭、社会三个主体在教育协同创新中的职责定位，确立学校主导型主体、家庭主动型主体、社会互动型主体的"三维"主体共治体制和运行机制，推进了家庭教育和社会教育在主体性上的增长，建立起家校社在教育协同创新中的共治、共建、互联的新型伙伴关系。

（二）全面育人屡获佳绩

家校社共同体建设初具模型，学校在全面育人方面取得了许多成绩，如德育体系成果被教育部评选为"一校一案"典型案例，学校荣获"沈阳

青年五四奖章集体""沈阳市教育系统教书育人模范集体"等荣誉；促进学生全面发展的武术队、男篮、足球队、管乐团、民乐团等社团在国家、省、市各种活动比赛中屡获佳绩。

（三）品牌辐射深长广远

随着综改项目的稳步推进，七中影响力不断增强。目前，七中通过集团化办学、建立合作联盟校和建设各类基地等方式不断扩大自身辐射半径，从优质学校向品牌学校转变，带动地区教育发展。目前，集团已有 6 个校区，共计 199 个教学班，学生总数超过 9700 人。

七中的综合改革实践紧贴落实立德树人根本任务，符合国家提倡的教育改革发展趋势。其阶段性实践成果充分印证了基础教育综合改革的必要性。基础教育综合改革任重而道远。未来，学校将继续深耕，全力推进综改项目，推动无边界卓越教育向纵深发展，营造有序、有效、有机的教育生态。担负使命、凝心聚力、创新创优，奋力在沈阳市国家基础教育综合改革实验区以及沈河区国家义务教育教学改革实验区创建的赛道上跑出加速度、作出新贡献，书写加快推进教育现代化、建设教育强国、办好人民满意教育的新篇章。

精 / 研 / 设 / 计

JING YAN SHE JI

通过"整体设计""局部调整"（三次集备法）使英语集备更具实效性

◎龚建华

一、实践背景

作为一名教师，要树立"教—学—评"一体化的整体育人观念，而集体备课（简称：集备）是"教—学—评"一体化顺利实施的保障。

集体备课始于"教"，要体现出基于核心素养目标和内容载体而设计的教学目标和教学活动，决定育人方向。集体备课贯穿于"学"，以公开课的形式开展学生作为主体参与的语言实践活动，决定育人效果。集体备课终于"评"，发挥着监控教学过程和效果的作用，发挥协同育人的功能。

二、具体操作细节

（一）"整体设计"（一次集备）

时间：每周一第五节，集备时间。

1. 根据教材特点对教材内容有效安排

内容的分配：每个单元由两组备课教师负责，每组两人。

环节的分配："教材研讨""热点解读""教研动态"。"教材研讨"中主备教师就教学内容及相关中考要求进行解读，包含课标要求、导入方式、教学方法、分层作业等。"热点解读"对近期重大事件中涉及的词汇及句子进行学习，拓展教师知识面的同时也帮助学生用英语去了解世界，强化英语的工具性。"教研动态"根据现阶段教育教学要求随时调整，例如中考前增加对样题的学习等。

2. 根据教师特点对主备人员有效分工

人员：考虑年龄结构，每次集备以老带中，以中带青，目的是取长补短，经验与创新兼备。主备一组由擅长思考及设计的教师组成，负责大单元整体设计，阅读策略，视音频资料收集等；主备二组由擅长知识归纳的教师组成，负责知识点解析，写作素材整理等。但两组主备人在第二轮备课时会互换位置，目的是通过第一轮的学习，相互取长补短。

职责：主备一组将单元教学内容进行有效整合，形成大单元教学整体设计，也对其他拓展资料进行收集，并绘制出体现该单元各部分间关系的思维导图，大大节省了每位教师自己准备教学资源的时间。主备二组负责文本部分，以 word 文档的形式进行打印，如：写作部分单元话题的常用词句与例文，单元重难点知识，课标对本单元的具体要求，本单元需掌握的词汇及其拓展词汇在具体语境中的应用。同时还负责挑选单元相同话题的课外语篇并命制相关试题。

3. 根据集体智慧对集备内容有效预设

主备教师需要在每周五将集备内容 PPT 及 word 上传至 QQ 群，其他教师对其提出自己的需求或建议，也可对其进行补充，供主备教师整改完善。

（二）"局部调整"（二次及三次集备）

1. 二次集备

时间：每周五第四节，组内公开课结束后。

内容：每周的公开课由主备一组负责，以考量备课内容与教学实际的结合效果，同时也是对集备准备者的质量检测。通过教师对所负责课程的设计、讲解和反思，通过学生在课上的表现和反馈来体现备课内容在实际教学中的应用及效果。在"实践反思"环节，上课教师就备课环节中的内容在教学中的实际应用效果进行自评。"你讲我评"环节，听课的教师发表个人观点或提出建议，对第一次集备中没有考虑到的部分进行有效补充。

二次集备的优点是既可以督促主备人精心准备集备内容，又可以给其他教师做出集备如何应用于教学最直观的演示。

2. 三次集备

时间：下周一集体备课时占用约 10 分钟。

内容：以"你问我答"的形式，就上周教学中出现的困惑进行探讨，例如：本单元 Writing 是如何书写便条，有的教师不知该如何导入，组内一名教师便将一段自拍的视频分享给大家，以新鲜的角度很好地解决了该问题。"易错题集"由上周的主备二组教师总结自命习题中的易错点，分析原因并提出解决办法。

三次集备给了教师反思沉淀的时间，使教师不仅仅低头讲课，更可以抬头思考。

三、实际效应

"整体设计"与"局部调整"（三次集备法）已实施了两年，成果如下：

（一）教—学—评一体化得到推动

一次集备很好地保障了所备内容与课标的吻合性，做到以备促"教"；

二次集备通过课堂演示，教师能够亲身体验备课内容在教学中的有效性及其不足，落实以备促"学"；三次集备对上周整体教学的效果进行评价与剖析，实现以备促"评"。

（二）教师自身潜能得到发挥

通过对他人优秀教学方法的借鉴，教师们的教学得以取长补短。该方法尤其有助于年轻教师的成长，以组内某位年轻教师为例，在三次集备法实施后，她的教学成绩从月考的年级 18 名到期中的 15 名，再到期末的第 6 名，成绩稳步提升。

（三）集体的力量得到运用

每个环节都不是一个人在作战，充分调动每位教师的积极性，共享集体的智慧，分享集体创造的教学资源，既省时又省力。由于有了集备前骨干教师的把关和集备后课堂演示的制约，使集备的质量也有了大幅提升。

（四）年级的成绩得到提升

通过备课组长在"整体设计"中对教材内容及备课人员的合理分配，通过全体教师在"局部调整"中对课程的演示及反思，很好地保证了集体备课的质量及效果，使年级的英语成绩逐步提升。

四、经验应用价值

首先，三次集备法步骤清晰，易于实施，且具备准备性，实用性及反思性，可应用性较强。其次，三次集备法注重集备在教学中的应用及效果，教师通过"先知晓，中察觉，后完善"对教学内容充分准备，体验及提升，实际应用效果较好。

初中数学四轮制集体备课法

◎王乃越

我校数学实行集体备课有二十多年的时间了，形式上基本是每人根据教学进度备一周（五课时）的课。但备课效果不太好，2011年我校开始尝试着进行改革，把每周的集备改为五位主讲人，每人负责一课时的内容。

通过几年的摸索，我校逐步完善集体备课体系，摸索出四轮备课法，即个案（第一轮备课）——组案（第二轮备课）——共案（第三轮备课）——新案（第四轮备课）。让每位教师发挥自己的特长，也发挥数学组的团队作用，操作体系如下。

个案（第一轮备课）：首先每人精心准备一课时的备课材料。

组案（第二轮备课）：然后上交给小组长审核，再修改、再雕琢，这样就避免了个案的局限性。

共案（第三轮备课）：最后在每周的集体备课时，将小组内研讨完的备课材料展示给全组同事，再一次碰撞与提升。

新案（第四轮备课）：利用新型科技手段，随时研讨，解决教学中遇到的问题。

具体操作如下：

一、个案（第一轮备课）：体现个人智慧，为高效课堂保驾护航

一次备课是指备一课时的课，其中包括课件、教案、作业卷、考试卷。具体步骤如下：

（一）备课标：把握好大方向，避免做无用功

在备课之前，先把新旧课标里相应内容的要求掌握牢，尤其是新课标中有删改的地方要提醒同事们注意。

（二）备课件：巧用信息化技术，节约教师讲课时间

根据本节课的课标要求，对知识进行整理、归类，对相应的题型进行归纳总结，形成有特色的PPT，做到重难点突出、易错点多练，从而提高课堂效率。

（三）备教案：方便个人教学，理清教学思路

采取"共案"与"个案补充"相结合的方式，建立集体备课制度和个性备课欣赏制度。依靠集体的智慧把每位教师对教材的处理、目标的制定、教法的选用、学法的指导等，调节到最佳的程度，形成一个优化的"共案"，在此基础上，每位教师再结合自身的教学实际，在"共案"旁边进行个案补充，设计出富有个性的教学方案运用于课堂教学，形成自己独特的教学风格，并及时撰写教学反思。

（四）备习题：使学生巩固新知，夯实基础

完成课件和教案后，再找这节课的常见类型题，形成一张作业卷、一张考试卷，争取让学生当堂消化、当天吸收。

（五）备教法：优化课堂教学效果

以学生为主体，让学生充分交流、探究、应用，充分体现新课标的指

导思想。

二、组案（第二轮备课）：以老带新，精益求精

挑选经验丰富的教师组成数学中心组，中心组成员设为小组长，将全组数学教师分为三个小组，每周备课由一个小组承担，由小组长负责，集体备课之前，组员将自己的备课材料上交给小组长审核，小组内进行研讨，完善内容，最后由小组长决定，上交最优化的模式。

三、共案（第三轮备课）：博采众长，择善而从

（一）备一周的课：奉献教学智慧，群策群力完善和优化课堂教学

首先由小组的五位主讲教师分别备下一周五课时内容，用PPT向大家展示，每位教师手里都会有共同的教案，大家会边听边记，在把"共案"个性化的同时，还可以在主讲人备完课时提出自己的看法，供大家参考。

（二）总结易错点：抓住重点，提高效率

然后我们对学生在本周做题过程中哪些题型做得不够好，要认真归纳总结，汇总出一张易错题的卷纸，让学生巩固这方面的知识，找到自己错误的原因，争取不会犯相同的错误。

（三）进行教学反思：提升教师的教学技能

最后我们还要反思本周内存在的问题，教师觉得哪些知识点学生掌握得不好，或者在教法上我们可以怎样更好地引导学生，做到以学生为主体，提高课堂效率等方面，研讨出具有针对性的方针和策略。

四、新案（第四轮备课）：最优化教学方案

（一）建立QQ群，微信群，开通博客，开展教师论坛

增强教师参与集体备课活动的自觉性和主动性。让大家在QQ群或博

客中不仅是资源共享，还能通过研讨及时解决平时教学中出现的问题。通过这些活动，可以使教师的教学观念逐步转变，还可以使教师养成反思习惯，加快成长速度。

（二）开展形式多样的专题研讨：教师专业成长的需要

一是教师培训，找几位经验丰富的教师就中考的热点问题向大家展示自己的教学技巧等，备课—上课—作业—评卷每一个环节都培训到位。

二是教师竞赛，包括解题竞赛或解法竞赛等。

通过专题研讨和课题研究，可以强化教师的问题意识和科研意识，有助于教师在实践中提高发现问题、分析问题和解决问题的能力，在行动研究中获得专业发展。

通过新型式的集备，学生已经从题海中解脱出来，每天听到的课、每天做的练习、卷子都是精中选精，真正达到了事半功倍的效果，我们学校的数学成绩一直在全区、全市遥遥领先。

通过新型式的集备，我们的教师不但能熟练地运用电脑，还有一些老师能熟练地运用几何画板、希沃等先进信息软件上课。通过每周集备中研讨的环节，有效地解决了教师过去在某些知识点、考试题类型不太清楚的问题，还能分享到一题多解、多解同一等解法，让大家共同提高，一起进步。

初中思想品德开卷考试教师必看秘籍

◎郭　丽

一、实践背景

2016 年沈阳在初中升学考试中实现了思想品德课的开卷考试，与往年闭卷考试相比，这种变化对教师的教学提出了更高的要求。然而，"清角声高非易奏，优昙花好不轻开"。思想品德课开卷考试在沈阳市是新生事物，在本市没有成功的经验和做法可供借鉴，这使得一些教师在开卷考试面前显得手足无措。面对如此问题，我们教师要对其有更智慧的应对之策。

二、具体操作细节

（一）"背"——抓住重点夯实基础知识

开卷考试难度加大，学生要以平时的记忆和背诵作为基础，进行深入的思考、理解和联系。所以关于基础知识背不背的问题，我的观点是在理解的基础上背会重点知识。以平时基础扎实之"不变"，应考试方式灵活之

"多变"。

（二）"抄"——高屋建瓴把握抄书要领

所以关于抄书，我的想法是应本着一条原则，对于一些灵活多变的题，每一练习题的答案不要逐一抄在书上，而应归纳为模板或公式抄在书上并记在心中。否则学生会缺少灵活性，只知翻书，不善思考，影响能力提升；而一些题型中有相对固定的答案可抄在书上。具体解释如下：

1. 常见答案可抄在书上

示例如：节水、节电等方法（常见做法类）

2. 常见公式可抄在书上

示例如：启示类 ≈ 是什么 + 怎么做（侧重点是怎么做，有时就只答怎么做。）

3. 常见模板可抄在书上

如意义类用语：知识方面：开拓视野 / 丰富了科学文化知识 / 提高的科学文化素质 / 助力文化强国梦等

（三）"讲"——紧扣中考培养实战能力

开卷考试强化对考生素质能力的考核，注重学生创新意识和实践能力的培养，我认为在新形势下，思想政治课课堂教学应从以下几方面把握。

1. 新闻播报法——求新以激活学生思维

在导入环节用新闻播报导入新课教学能增强学生对时事新闻的理解，易使学生找到知识与时事的连接点，领悟人生真谛，明理践行，实现学生的可持续发展。

2. 创设情景法——求活以优化学生能力

在课堂教学中增加"小品表演""角色对话"的形式，或创设自主探究式情境等，帮助学生在考试中理解题意，做出符合相应角色的行为选择。

3. 实践探究法——求实以鼓励学生发展

在教学中要主动地开展一系列的活动，如"雾霾成因调查报告""祭扫烈士墓"活动，在第一时间讲解可能考查的形式与内容，帮助学生理解与把握。

4. 知识结构小结法——求是以理清学生思维

小结时要引导学生建构"是什么""为什么""怎么做"的知识结构，培养学生的综合概括能力。

（四）"练"——构建网络妙建专题复习

1. 点的复习——夯实基础法

第一步练习：给问题，背答案

第二步练习：给答案，背问题

第三步练习：融入时事练习

2. 线的复习——触类旁通法

复习时，要加强归类复习。方式一进行易混题比较复习；方式二选取练习题时要注意一题多解，答案多元化，从而提高学生的分析、运用、归纳问题的能力和举一反三、触类旁通的能力。方式三在试题的选取上，以时事为中心，串讲所涉及的知识点与类型题，以更好地适应中考。

3. 面的复习——知识线索图示法

在复习时（包括一课、一单元、一册书或某一专题等的复习），要有意识地把书中零散的知识点梳理成线，再编织成网，真正从宏观的角度去统领一课、一单元乃至全书。构建知识线索图，帮助学生形成知识网络，从脑科学的规律看，这样做更容易唤醒记忆。

4. 模块复习——专题复习法

中考复习不能只是三轮简单的重复，应把知识点拆开、重组，应建立多角度的立体化的复习模式。这种复习分为三轮，每一轮侧重点不同。即：

一模前：以课为单位进行复习，内容相关要进行合并，侧重点是记熟重要基础知识，全面地进入地毯式复习，构建知识网络结构，在考试时，客观性试题要求学生尽量不翻书。

一模后：应以题型为单元进行复习，侧重点是培养学生的审题能力与学生解题方法的指导。

二模后：应建立"热点知识库"，以热点新闻为线进行专题复习，侧重点是知识与材料的契合。

三、实际效应

（一）教师的变化

1. 提升教师内涵

通过这一问题的研究与反思，促使我不断地学习现代教学理论，教育思想、教学观念发生变化，围绕开卷考试先后撰写了论文《思品课堂的催化剂——新闻播报》《学生学习能力培养之我见》。区课题"初中思想品德开卷考试教学方法研究"也顺利结题，积极参与的省课题"开卷考试背景下初中思想品德课时政教学研究"也顺利结题等。

2. 转变教学方式

在教学中改变原来的灌输式的教学方法，尝试针对开卷考试的教学方法，促使学生主动参与学习，主动获取知识。教学水平不断提高，学科成绩有显著提高。

（二）学生的变化

关注时事，主动收听新闻，同学们开始自觉不自觉地运用课堂所学理论观察和思考问题；养成了多角度思考问题的习惯；学生思维开始活跃，能辩证全面地分析问题、解决问题，提高了学习效率和学习成绩。

四、经验应用价值

"教者有心，学者得益"。在这次研究中，本人总结出符合开卷考试的原则与理论指导，促进教师的反思与理论总结，为政治教师今后教学指明努力的方向；有助于落实课标要求，提高学生的思想道德素质、科学文化素质，提高学生分析和解决问题的能力。

初中数学命题教学各环节的有效设计

◎吴洪宇

中华人民共和国教育部印发的《义务教育数学课程标准（2022 年版）》（以下简称"课标"）中提到，推理能力有助于逐步养成重论据、合乎逻辑的思维习惯，而数学命题在逻辑推理中占重要地位，课标中还要求通过具体实例了解命题的意义，区分命题的条件和结论。

数学命题是数学概念和问题表述的关键方式。学生对这些命题的理解和掌握，直接决定了他们分析和解决数学问题的能力。目前，我国在数学命题教学中，教师缺少将理论联系实际的过程，也没有很好地运用教学策略、重视讲授式教学，学生课堂参与度不够，不能真正意义上体现素质教育，对于在命题教学的各个环节上使用一些有效的设计方法变得尤为重要。

一、数学命题引入环节的设计

在数学教学中，引导学生进入命题学习阶段的关键策略是调动他们的积极性。这一策略的核心在于鼓励学生主动寻找并尝试解决问题的不同途径。

（一）实验活动法

让学生在动手或实验中进行观察和总结。

（二）生活实物法

通过生活实例引入。

（三）命题关联法

通过命题之间的联系，对命题进行理解。

（四）矛盾法

运用"矛盾法"来引入命题，意味着要设计出一种显而易见的矛盾状态。

二、数学命题理解环节的设计

提高中学生对数学命题的理解水平，是命题教学成败的关键所在。笔者根据多种资料，结合自己的实践经验，提出以下两种途径可促进学生对数学命题的理解。

（一）结构分析法

在教学中，要引导学生正确地分析命题的结构，发现命题的条件、结论，确定命题的适用范围，能用简洁的语言表述问题。

（二）类比类化法

在数学学习中，"分类"是一种重要的归纳技巧，它涉及识别当前数学命题与已知命题之间的共性，并将新问题纳入到已有的命题类别之中。

三、数学命题掌握环节的设计

命题学习的本质就是学生在命题不断变化的情况下，按照一定的规律恰当地运用命题，也就是掌握了命题。如何促进学生对数学命题的掌握，一直是广大教师困惑的问题。很多看似有效的方法却总不能发挥出应有的效用，因此在命题掌握的环节上，我提出三点"禁忌"。

（一）简化语言，忌"成人思维"

虽然中学生的思维基本上已经具备了成年人的思维能力，但由于受很多因素的限制，他们无法像成年人一样进行思考，面对抽象和复杂的数学概念，学生常常需要付出较大的心智努力。在这种情况下，教师应站在学生的视角，用学生的思维习惯去理解命题的实质。然后，教师应采用学生能够轻松理解的表达方式来讲解问题。

（二）举例贴切，忌"天南海北"

数学命题的抽象性往往使得学生在学习过程中感到枯燥无味。教师在教学时可以采用举例的策略，将抽象的数学命题与直观的实例相结合。不过在举例子的同时，一定要注意核心目的是为了学生便于理解，便于掌握，不能光想到例子，却忽略例子本身是否被学生认同，应当以学生身边贴近生活的例子为优，切勿"天南海北"，举上一些虽贴合命题但容易带走学生思维或者注意力的例子。

（三）适当练习，忌"量多质少"

教师在设计习题时，应根据学生对数学命题理解的层次，有针对性地挑选题目，旨在加强学生对命题的掌握和应用能力。此外，练习的数量也应控制在一个合理的范围内，通常情况下，可以安排 3 至 4 个深入的练习题目，这样有助于维持学生对命题的深入理解和熟练运用，也不会让学生感到厌倦。

四、数学命题记忆环节的设计

在数学命题的学习和应用中，记忆的作用是不可替代的。通过有效的记忆策略，学生可以更牢固地掌握数学命题，从而在解决问题时更加得心应手。

（一）有效复习方为"记忆"根本

命题是一种抽象概括的语言表述，它的抽象性必然导致"遗忘"。复习是知识储存的重要手段，刺激物的反复出现是记忆的一个重要条件。

1.复习并不代表一味地口头复述。

2.复习要及时。

3.正确分配复习时间。

4.小型测试紧跟教学。

（二）课程安排，适当调整

学生对新知识的记忆在很大程度上会受到上节课学到的知识的影响，因此，在教学过程中，教师可以灵活地调整课本的既定课程结构，将主题相近或逻辑关联性强的章节放在一起讲解。这种做法有助于构建一个系统化的知识框架，同时促进学生的记忆。

（三）兴趣激发，适当奖励

教师可以采取适当的小奖品，奖励回答问题正确或者认真思考的学生，以此激励学生对于学习相关知识的兴趣，调动学生学习积极性和主动性，无疑变相加深了学生对于知识的记忆。

在各环节层层设计提高之后，有关命题的教学变得比之前高效，一段时间以来，学生的课堂反应比之前更为灵活，提高了课堂注意力。经过教师在教学和学生认知的"引入、理解、掌握、记忆"这四个环节中所提出的设计方法和禁忌规则，能够有效地提高教师的上课效率，让数学命题教学与学习不再变得枯燥难懂，以此提升所有老师和班级在命题学习上的效率。有效设计的实施，充分落实了《义务教育数学课程标准（2022年版）》对于学生的要求，也落实了一切以学生为本的学习理念。

初中语文阅读教学中"主问题"的设计研究

◎李奂缈

一、实践背景

在初中语文阅读教学中，若能够有效运用主问题进行教学，将主问题设计很好地运用到课堂及文本解读中，充分发挥主问题在课堂教学中的重要作用，对于引导学生深入理解文本、激发学生阅读兴趣有很大帮助，能够有效解决目前一线阅读教学中存在的提问多、乱，课堂零散化、碎片化等问题。为此，作者对中学语文课堂中的主体问题的设置与应用展开了较为深入的研究、思考和实践。

二、具体操作细节

（一）各类文体教学主问题设计策略

文本是主问题设计的基础，"呈现文本的核心教学知识是主问题设计的目标之一。"所以，教师在主问题设计时，要根据文本的文体进行具体设计。

1. 记叙文主问题设计

记叙文是初中语文教材中常见的文体。在进行记叙文阅读的过程中要清楚记叙文的特点，针对记叙文的特点进行多角度的主问题设计，这样才会发挥主问题的效用，达到事半功倍的效果。记叙文的主问题设计可从人物形象、结构、语言和标题来进行设计。

（1）从文章人物形象入手

写人记事的记叙文主要是刻画人物形象，叙述事件因果的，刻画人物形象时作者主要是从人物的外貌、神态、语言、动作等不同方面来着手。从文章人物形象的角度来设计主问题就要求教师设计的主问题围绕不同的描写手法，刻画了怎样的一个人物形象以及人物描写的作用。

（2）从文章结构入手

在进行主问题设计时，从结构的角度可以分步骤地进行设计，首先可以让学生通过阅读课文把文章分为几个部分，并概括其主要的内容，然后从整体的视角出发，分析作者的写作思路和文章结构分布的意图等。现今语文课堂教学中大部分的主问题设计都是从结构的角度出发，通过整体感知课文，划分课文的结构层次，进而理解课文的深层情感等。这样的主问题类似感知阶段或是深化阶段的主问题，其中文章层次的划分问题属于感知阶段的主问题，作者意图的分析类似于深化阶段的主问题。

（3）从文章语言入手

在语文的阅读教学中，老师们可以利用相应的问题来指导学生去感受作品的语言风格，欣赏、品味和理解作品的语言特征，从而培养出一种优美的语言风格，从中学习到作者丰富的语言运用能力。

2. 说明文主问题设计

（1）抓住说明对象主要特点进行主问题设计。说明文的主要写作目的是通过文字的形式将需要说明的对象呈现给读者，但是由于说明对象自身有很多需要说明的信息，如果想要简单、细致地呈现出来，让读者有具体的印象，就需要抓住说明对象的特点来阐述。

（2）通过揭示序列来构建主要问题。叙述性的文本通常遵循特定的顺序，这源于事物或概念的内在结构，也符合人们理解这些事物的思维过程。因此，理解文本的叙述顺序对于掌握其说明文至关重要。常见的叙述顺序包括时间顺序、空间顺序和逻辑顺序。在设计说明性文本的学习问题时，我们可以依据这些顺序进行引导和探讨。

3. 议论文主问题设计

论证具有观点清晰、证据充足、论证合理的特点，恰当的语言、严谨的思维等特征。

议论文写作主体问题的设置可以从议论文三个要素出发，即论点、论据和论证。

（1）从文章论点入手

一篇议论文中论点是所有内容的中心，一切的论述都是根据论点展开的。一般议论文的论点是文章的标题或文章的中心句，论点的位置是特别显而易见的，处于文章的突出位置。文章论点的把握关系到对文章整体的理解，对之后的论证有很重要的作用。从论点的角度设计主问题能够直指中心，对文章有初步了解。

（2）从文章论据入手

议论文中的三大要素之一的论据是阐述论点不可或缺的元素。根据论据设计主问题可以帮助学生分析论据的作用，了解选取论据的意图，充分地理解课文所表达的论点。通过这样的主问题，让学生在文中筛选信息，抽离论据，并根据论据分析文中的中心论点，表明自己的态度，诠释观点。

（3）从文章论证过程入手

文章的论证过程是议论文中最为精彩的部分，也是文章学习的重点与难点。论述的过程就是论述和论证的有机统一，它反映了作家的逻辑推理能力。通过对议论文论证过程的分析，学生能够掌握一些论证方法，同时学习作者严密、周详的逻辑思维，提高自身的能力。

三、实际效应

在采用改良版"核心问题"后，学生的学习积极性显著提升，乐于参与教师安排的课后检测活动。据我调查，一个41人的班级中，有35人表示不同形式的"核心问题"影响了他们的参与度。以《伤仲永》一文为例，原先的问题是："这篇文章告诉我们什么道理？"优化后变为："先天与后天哪个更重要，为什么？"学生反馈说，优化后的问题激发了他们深入文本寻找具体答案的兴趣，这个过程中他们能巩固知识，发现初次阅读时的疏漏，更渴望得知正确答案，并将个人答案与之对比，从而产生更大的学习乐趣和明显的进步感。

四、经验应用价值

语文阅读教育本质上是一种创新的艺术实践，蕴含着独到的审美领悟。在中学教育的关键阶段，学生正培养他们的审美洞察力和创新思维，此时，精心设计的"核心问题"能促成教师、作者、学生及阅读文本之间的多重对话情境。在这种环境中，教师应鼓励学生深度参与文学创作，领略语言的魔力，感受阅读带来的美学享受，同时领悟中文特有的韵味之美。

中华传统文化融入初中化学教学设计

◎岳百慧

一、实践背景

2014 年，我国教育部发布的《完善中华优秀传统文化教育指导纲要》强调，需将中华优秀文化的教育全面纳入课程与教材体系。2021 年，教育部推出的《中华优秀传统文化进中小学课程教材指南》进一步明确了如何在各学科中自然地嵌入传统文化教育。

二、具体操作细节

在对初中化学教材进行深入剖析后，我注意到教材中关于化学传统元素的挖掘不够充分和全面。因此，我广泛收集相关书籍和学术资料，提炼出与化学紧密相关的文化资源，旨在丰富教学内容和启发学习兴趣。

（一）化学韵味在古诗词中的展现

中国古典诗词是文化瑰宝，通过诗歌，我们可以巧妙地引入化学概念。

例如：

1."凿开混沌得乌金，藏蓄阳和意最深。"——（明）于谦《咏煤炭》。诗中，"乌金"代表煤炭，它是化石燃料的核心成员，由有机和无机物质复合而成，自工业革命以来，对人类生活至关重要。

2."千锤万凿出深山，烈火焚烧若等闲。粉身碎骨浑不怕，要留清白在人间。"——（明）于谦《石灰吟》。于谦笔下的"烈火焚烧"，象征石灰石高温下分解生成氧化钙的过程，体现化学反应的本质。

3."千淘万漉虽辛苦，吹尽狂沙始到金。"——（唐）刘禹锡《浪淘沙》。刘禹锡诗中，描述了金子在自然环境中以单质形式存在的特性，通过简单的物理分离得以呈现。

（二）传统科学技术中的化学知识

中国传统科技成就丰富多样，拥有卓越的技术水平，许多技术在当时国际上独领风骚，如"四大发明"、精美的瓷器制作、青铜器铸造、丝绸生产等，对全球文明进步起到了关键作用。

1.造纸技术。蔡伦在前辈的经验上改良了造纸过程，加速了纸的普及，历经各朝代的不断改进和完善，至唐代已臻完善。造纸工艺大致包括四个步骤：即分离，打浆，抄造，干燥。

2.火药学。火药源于道教炼丹的偶然发现，其深远影响尤其体现在军事应用上。我国率先发明的黑火药在燃烧时产生反应：$2KNO_3+S+3C \longequal K_2S+N_2 \uparrow +3CO_2 \uparrow$。

3.指南针。核心部分是含有磁铁矿（主要成分 Fe_3O_4）的磁针。后来演变为罗盘并传播至西方，极大地推进了全球航海业的进步。

4.瓷器制造。中国瓷器举世闻名，西方世界对中国的认知始于瓷器。陶瓷虽常并称，但陶器和瓷器的原料及制作方法各有不同。

（三）成语中的化学知识

四字成语，以其精练的表达和深刻的内涵，在中国人的日常对话和写作中被广泛运用。

1. 刀耕火种：在古代，通过焚烧田野里的杂草和作物残余（即草木灰），可以为土壤提供养分，促进农作物生长。

2. 火树银花：所谓的"火树"即烟火，其诞生源于火药的发明。烟火内含多种金属成分，燃烧时各元素呈现不同色彩，这些多彩的焰火正是由这些金属元素的特性决定的。

3. 炉火纯青：古人们注意到火焰颜色与温度的密切关系。随着热度逐步提升，火焰依次呈现"黑→红→黄→白→蓝"的变化。当火焰达到蓝色，标志着温度已至极致，此时便称作"炉火纯青"。

（四）传统文化融入初中化学教学设计的措施

在构建化学教学案例时，融入传统文化元素是一项富有挑战且富有成效的任务。通过深入研究文献资料，结合实地访谈学生的见解，我提炼出了一系列策略。

1. 创新性地整合多元教学策略

教师在设计课堂练习时，可以借鉴古籍记载、诗词歌赋和民间俗语，如在讲解物质性质差异时，引用古诗词来测试学生的理解和判断能力。

2. 依托于传统文化课程资源构建科学探究的背景线索

教师在构建教学实例时，可选择数段描绘古人化学探索的古籍内容，用作引导学生深入研究的脉络或情境问题。比如，可以借助《周礼·考工记》中的描述——铜锡合金（青铜）在盐酸中反应，锡表面产生气泡而铜则无此现象，作为探索金属活性差异的情境。

3. 构建贯穿课堂教学始终的传统文化大背景

化学教育中可融入丰富的传统文化元素，将其渗透到教学的各个阶段。

例如，在探讨"碳及其氧化物"主题时，可围绕中国传统文化中的"文房四宝"之——"墨"，探究其主要成分、化学特性、制作工艺及实际应用，使学生在了解碳和碳的氧化物的同时，浸润在文房四宝的文化氛围中。

三、取得的实际效应

（一）针对学生

1.学生在课堂中的参与度大幅提升，对化学学科的兴趣明显增强。

2.将传统文化融入教育有助于学生更深层次地领悟化学原理。

3.初步实现了提升学生的民族荣誉感和文化归属感的教育目标。

（二）面向教师

1.丰富了初中化学的教学素材，使得教师在结合传统文化进行化学讲解时能"有据可依"，避免教学失误。

2.提供了具体的操作策略，使教师在化学课堂中融入传统文化时"有章可循"。

（三）关于教学课堂

1.搜集并整合了课外的传统文化资源，为初中化学教学提供了丰富的文化支持。

2.设定了三个主要策略来利用传统文化资源设计化学教学实例。

四、经验的应用价值

青少年是国家的希望，学校扮演着培育他们文化价值观的核心角色。因此，将传统文化融入学校的日常，包括课程和教材，是不可或缺的一环，这同样也得到了中高考政策的引导，许多化学考题都将传统文化元素设为开篇，并且不止一道题。鉴于此，将传统文化融入初中化学教育显得至关重要。

学／有／情／境

XUE YOU QING JING

"亲"其师，建立和谐的师生关系

◎陈春雨

一、目标

（一）总体目标

1. 亲其师

让学生从喜欢老师到喜欢学科，建立良好的师生关系。

2. 信其道

教育的最终结果是培养出有思想、有信仰、有原则、有操守的能服务于社会的人。

（二）具体目标

1. 让学生从外在喜欢教师，愿意与老师亲近，希望见到老师走进课堂。

2. 喜欢听老师上课，积极思考，课后愿意提出问题，希望跟老师沟通。

3. 喜欢化学这门学科，希望获取化学知识，提高自己的能力，掌握学习的方法和规律，主动交流和表达自己的见解和感受，遇到难题和困难时不退缩。

4. 在课堂教学和处理问题中，让学生产生敬佩感，愿意完成老师布置的家庭实验，提供合理的探究实验的仪器和药品，增强学生的动手能力和观察能力，培养探索和创新的意识，发展创造力。

5. 培养学生逐步学会发现有价值的问题，提出合理的实验内容，通过查阅资料对现有初中实验，以及某些练习题提出合理的质疑，能自己编写习题。

6. 通过提升学生的综合能力，使学生在考试中获得理想的成绩，体现学生现阶段的自我价值和自我满足，激发学生学习的良好愿望，为实现更多的自身价值打下坚实的基础。

二、特色理念

学习是快乐、幸福的过程，建立在关爱和信任的基础上，创设富有情感色彩的课堂教学，建立和谐、平等的师生关系。

把握尺度，不纵容，不苛刻，适合孩子的教育模式就是最好的。

三、操作体系

只有"亲其师"，才能"信其道"，如何让学生"亲"其师呢？

（一）"相亲"——初次见面的"形象""语言"都是外在获得学生好感的前提，喜欢老师是"亲"其师的良好开端。

（二）"探亲"——日积月累的"态度"和"方法"都是探索内化学生好感的根本，信任老师是"亲"其师的重要基础。

（三）"走亲"——出现问题的"处理"和"建议"都是维系巩固学生好感的契机，发自内心的尊重和敬佩老师是"亲"其师的关键。

（四）"寻亲"——以老师为榜样，为楷模，建立自己的"愿望"和"理想"是"亲"其师的升华。

四、操作细节

（一）"相亲"——建立和谐的师生关系的开端

1. 关注形象，第一印象很重要

在每一次走进课堂，都要精心打扮，既能体现教师身份，又要让学生眼前一亮，从眼神中就能看出他们喜欢我，只有他们想跟老师接触，想听老师讲述，我们的教育和教学才能进行。

2. 展示内涵，用实力赢得好评

在第一节课，不讲教学内容，而是寻找许多学生感兴趣的生活事例、前沿科技和一些趣味实验，例如：制作无壳鸡蛋，烧不坏的手绢，写密信，等等。

（二）"探亲"——建立和谐的师生关系的基础

1. 探索课堂"亲"的举措——"留白"

新授课的前 5 分钟是留白时间，我一定会留给学生自我复习课堂笔记。到第 4 分钟时，学生之间可以提出自己的疑问和困惑，我通常都会给学生展示自己能力的机会，让他们去讲解和答疑。

2. 探索作业"亲"的举措——"特色"

【特色 1】——出题

对于有学习剩余时间的孩子，给他们周末布置的作业是：根据老师上课的笔记内容，结合自己做过的练习题，突出老师讲课时的重点和易错点，给其他学生出小考卷、练习题，我再帮这些孩子把关。

【特色 2】——实验

指导学生利用家庭条件或在网上购买的初中化学常用药品和微型仪器，我经常建议和鼓励家长尽可能多陪孩子共同实验和探究。

（三）"走亲"——发展和谐的师生关系的关键

1. 走出评价误区——包容亲善

首先要改变好坏、优劣的评价标准和评价方式。对于只有十四五岁的孩子来说，犯错是正常的，反复犯错和故意犯错，应该有充分的心理准备和包容。

对成绩不理想的，先找到这次考试中他的具体优点，先对他肯定，再帮他分析出错的原因，提出解决问题的具体建议，对他计划的实施给予监督和关注。

2. 走进学生内心——宽容亲心

在课堂上，不点名批评学生，有问题私下解决；讲课时不要站在讲台上，尽量走进学生中间，"不经意"地走到孩子跟前，拍拍肩膀、摸摸头、拉拉手等亲近的动作，让孩子感觉到老师对他的亲近和爱；对懒惰不写作业的孩子，利用下课或是中午休息等课余时间，问明原因；对于生病或因家里有特殊情况时，我会陪他们聊聊天，让他们感受到爱和关心。

3. 赏识教育和挫折教育并行——明确做人的道理

批评的尺度应该把握好，一是尽可能不当众点名批评学生，当众点名批评对学生自尊心和情绪的伤害是无法挽回的。二是先指出学生的错误行为和不良影响，再指出哪里做得很好。

（四）"寻亲"——建立和谐的师生关系的升华

1. 寻找知识拓展的增长点

在课堂教学的深度、广度和逻辑性上，要让孩子们有深入浅出、豁然开朗的感觉。

2. 寻找能力培养的增长点

看实验，描述现象→寻找实验中出现的异常，分析原因→分析实验中存在的各种情况→自己设计实验达到实验目的→提出想做什么实验，想达到什么目的。

五、成果

许多孩子建立了自己的家庭化学实验室，有的孩子已经自学了高中甚至大学的化学知识，中考化学成绩非常突出，有的孩子坚定选择化学专业……

六、原理分析

建立和谐的师生关系主要是指：在教学和教育过程中，学生在情感上是否愿意与教师交流，是否认同教师对学生的批评和建议，是否接受教师对学生的指导和帮助，是否能交换对同一问题的不同看法，并能站在对方的立场上理解对方。

影视剧教学法在初中历史课堂中的应用

◎李　鹏

随着时代的发展，历史教育更加侧重在课堂上呈现历史情境，让学生感受"鲜活"的历史。部分影视剧作品能较好地还原历史真实，却也不乏"篡改历史"的情况。"影视剧教学法"就是探讨如何利用影视剧辅助历史教学这一重要课题。

一、寻找资源素材，建立资源库

历史题材的影视剧作品数不胜数，但是符合初中教学的并不多，需要教师严格遴选，寻找具有趣味性、主题突出的资源，进行剪辑、重组和分类保存，建立影视剧教学资源库。

（一）选取的过程

通过问卷调查、学生访谈和教师推荐寻找视频资源；再利用互联网搜索，下载保存；剪辑需要的部分，转换为合适的格式。

（二）选取的原则

符合正确的价值标准和初中生的欣赏水平；视频内容具有真实性；画质清晰；贴近教学内容；内容趣味新颖，利于调动学生的学习热情。

（三）视频的处理

1. 使用格式工厂、Camtasia Studio、剪映等软件进行剪辑。

2. 将视频转化为合适的格式，如 MP4、AVI、WMV 等。

（四）作品的分类

可以按视频功能，分为正面说明、反面纠错、内容呈现、问题分析、情感引领等；或按教学环节，分为导课、授课、练习等；也可以按课时、教学环节的顺序进行归类。

（五）编辑影视剧目录

表1　人教版七年级上册第3课影视剧目录

课节	类别	标题	关键词	时长	环节
第3课《远古的传说》	电影	《涿鹿之战》	炎黄战蚩尤	2分30秒	导课
	动画片	《大禹治水》	大禹治水	3分钟	过程教学

二、应用资源素材，服务课堂教学

（一）备课环节

在课前对视频的使用做出科学的计划，设计教案。

表2　《经济体制改革》简案

课题名称	八年级下册第8课《经济体制改革》		
视频名称	《平凡的世界》	时长	3分钟
视频内容	针对本地区是否立刻开展家庭联产承包责任制进行的争论		
知识点	家庭联产承包责任制		

续表

课题名称	八年级下册第 8 课《经济体制改革》
问题设计	1. 视频中的两个人争论的焦点是什么？ 2. 你如何看待这种争论？ ……
反思	1. 学生的注意力很集中，掌握了教学重点。 2. 问题 2 的问法不明确。

（二）教学环节

1. 运用影视资源，创设历史情境

在导入环节，播出有关的影像资料，可以立即吸引住学生，将学生带入历史情境，展开思考。

案例 1：《卢沟桥事变》导入

向学生展示微纪录片，"2001 年版日本教科书说：'1937 年 7 月 7 日夜，在北京郊外的卢沟桥，发生了有人向日本军队开枪的事件……'"

引导学生思考：日本为什么把发动战争的责任推给中国人？再通过教师讲授，让学生认清历史的真实情况，并认识到史料实证的重要性，再继续开展教学活动。

2. 应用影视素材突破教学难点

中学生很难理解复杂、深奥的历史文献，而影视资料可以将这些历史问题具象化、情境化，更容易调动学生的兴趣和思维，突破教学难点。

案例 2：《经济体制改革》

使用作品：《平凡的世界》

电视剧情节（片段）：1978 年初，在生产队长孙少安主持下，制定了一份"农业作业组生产合同"，准备实行生产责任制，但村支书却大叫"走资本主义道路"，将情况迅速反映到上级部门，讨论的结果是：坚决制止！

从视频中激烈的剧情冲突，学生可以直观理解"改革面临的巨大阻力"这一教学难点。

3. 让学生直面历史，实现情感升华

通过影视作品，我们可以将价值观念、思想情感渗透到教学中，培养学生的家国情怀。

案例3：《抗日战争》

播放电影《拉贝日记》片段：拉贝的司机因得罪日军而被砍了头，拉贝循踪而去，从木栅的缝隙里看到了堆如小山的中国人的头颅……再展示日本篡改历史教科书的新闻资料片，指出日本右翼势力歪曲事实、否认战争罪行的态度。学生产生震惊、愤慨的情绪，自然而然地激起爱国情感。

4. 利用影视剧作品，构建全新的教学思路

影视剧的作品使用并不是单一的，采取不同的方式会重构出全新的教学思路。

例如，讲授《美国内战》一课时，观看电影《林肯》片段，并让学生写下自己的感受。学生们的答案很丰富，有些学生自行查阅了许多资料，写出的东西有理有据，发自内心。此外，还可以鼓励学生续演、扮演影视剧，查找影视剧的穿帮镜头等。

三、评析资源素材，提升甄别能力

授课之后，教师应对影视剧的运用进行总结和思考，提升选取和使用影视剧作品的能力。思考使用的作品是否有效提高了学生的兴趣、提升了课堂的效果，作品时长是否适合、有没有冲淡教学重点，反思设置的问题和提问时机，时刻更新资源库。

四、实施的意义与效果

影视剧作品使得埋藏在历史尘埃当中的人物、遗迹以一种特殊的形式重见天日，使历史知识呈现的方式更加直观，让课堂变得更加生动。影视资源通过图像、字幕和声音的结合，比文本能更快、更立体地传递信息，培养学生多方面的综合能力。

广大教师建立起比较丰富的视频资源库，可以有效地服务教学，并在影视剧教学的基础上，衍生出更多的教学方法，如让学生撰写观后感，纠正影视剧作品中的史实错误，开展观影主题演讲等，进一步丰富课堂。学生们课堂注意力更加集中，学习积极性明显提高，学习成绩稳步提升。学生以辩证怀疑的态度去审视影视作品的历史情节，而这种辩证思维，才正是养成历史学科素养的关键。

"Free talk"——小舞台　大天地

◎赵一潇

一、实践背景

《义务教育英语课程标准（2022 年版）》中特别强调："要关注每个学生的情感，激发他们学习英语的兴趣，帮助他们建立学习的成就感和自信心，使他们在学习过程中发展综合语言运用能力。"

二、具体操作细节

（一）我来做每学期的第一个 Free talk

每个新学期，我都会和孩子们聊聊我在假期中的所见所闻：日本的垃圾处理；随处是风景的瑞士；风景甲天下的桂林……讲到英国的大学时，我会让他们猜猜格拉斯哥大学的年龄，牛顿苹果树的样子，国王学院为什么会有白色空白的骑士盾牌？骑士手里的剑为什么被换成了一把木制的椅子腿儿？孩子们在欢声笑语中了解了英国的教育体系，甚至幻想自己有一天也能够操着一口正宗的伦敦音漫步在剑桥，邂逅如林徽因一般曼妙的女子！之后，顺势问问孩子们是如何度过他们的假期的，启发他们策划自己的 Free talk！形式可以多样，戏剧、演讲、读书报告、影视配音……没有任何限制。提前一周布置好名单，让大家有充足时间，拿出精品。

（二）我来做幕后的策划者、改编者、帮助者

1. 提前指导，把错误率降到最低

为了让这宝贵的 3 分钟高效高质，我会让孩子们把他们自己精心制作的 PPT 提前发给我，我会认真地进行指导。包括字号、字体、背景音乐、语言的精准性，等等。渐渐地，我们的 Free talk 已经从幼稚的播报天气变成了创意无限的英语戏剧，变成了带背景音效的英文配音大片，变成了文笔犀利《雾霾之我见》的新闻报道，变成了《行走在天路上——向修青藏铁路的英雄们致敬》的纪录片……

2. 完美展示，让效果达到最佳

讲两个印象深刻的小例子吧：陆知行同学的 Free talk，一直是很惊艳的。他把 5 岁和 15 岁时在天安门广场上的照片做了个对比。北京的天空变化好大，引发了他的思考。中间还插播了新闻纪录片，给同学们介绍了 PM2.5 的相关知识。起初，孩子们被他幽默的话语逗得人仰马翻，之后却是一片肃静地反思人类对自然都做了些什么，还有，他因为下雨没有外出，和家人聚在一起打扑克，从失落到意识到了浓浓的亲情不就是人生最大的幸福吗？他的感悟也引发了大家的共鸣。我至今还记得他的 PPT 中老北京四合院的大门上的"门当"和"户对"！你瞧，一个小小的 Free talk，却涵盖了那么多令人动容的共鸣点！

郭凡湘是一个特别内向的小女孩儿，她负责组织了 5 个人的团队，其中包括一个很少说话的"学困生"鹏鹏。他们展示的是给动画片《海底总动员》配音，她把难易程度不同的任务根据每个人的特点分配给每位组员，

大家分工合作，进行讨论、彩排，每个孩子都能感受到自己的价值。郭凡湘配的是和她性格反差极其巨大的大鲨鱼。她几乎是在吼叫！她妈妈告诉我说，凡湘每天为了准备配音，连刷牙洗脸的时间都用上了！她还安排鹏鹏负责给一个大鲨鱼的保镖配音。虽然都是一些象声词或是肢体语言，但鹏鹏激动兴奋的笑脸，在我的心里成了永恒！那天的 Free talk 空前的成功！我至今还记得当时全班沸腾欢呼鼓掌的景象！

3. 不忘初心，牢记 Free talk 的宗旨

我告诉孩子们一定要从 Free talk 中学到新的东西。哪怕就是一个小常识（何为老北京民宅中的"门当户对"）、一个日常的小平凡（日本的垃圾处理体系）、一点点感悟也是好的（韩国的民风、新加坡的洁净、台湾同胞的友善、四川的小吃……），让我看到了每个学生的独特性，培养了他们的英语学习素养和品质。

（三）我带领孩子们给每个 Free talk 一个难忘的评价

在每一个 Free talk 之后，我都会抓住一个点，去评价。比如，做青藏铁路报告的同学制作的动态地图，生动形象，令人难忘；讲韩国美食的孙宁飞同学的美食图片和《大长今》的背景音乐，令人垂涎欲滴，思绪飞扬；吴浩宁同学讲解的德国黑天鹅城堡，神秘高冷；朱星翰同学的日本随想所介绍的妙趣横生的天皇小故事……不放过任何一个教育瞬间，给孩子美的感受。孩子们也会给出自己中肯的评价。

（四）收获与感悟

当年给动画片《海底总动员》的大鲨鱼配音的郭凡湘，已经从香港中文大学硕士毕业了，回来看我的时候说，每当想起英语课，就会想起当年的 Free talk，耳边就会响起大家的笑声！我总是希望孩子们学到的是一门日后用来交际的语言工具，而绝非是用来得分的哑巴英语。打造魅力高效课堂，爱每一位活泼纯真的孩子。这一切，都是源于对孩子的爱。做好细

节，坚持长久，一定会大有不同。

三、实际效应

学习语言是为了交际，为了沟通，让所有的孩子都能说出来，是不是比让所有的孩子都在试卷上写出来，更让人振奋呢？我看着孩子们在英语课堂上绽放的笑脸，我的成就感溢满心头。

四、经验应用价值

（一）改变传统的 Free talk 内容

使这一部分内容变成每节课常规教学的一部分，让每一名学生参与进来并能从中受益，进而使学生听说读写能力提高的同时，对英语课产生浓厚的兴趣，提高英语素养。

（二）Free talk 的准备工作让学生全方位提升能力

无论何种形式的演讲，学生都需要挑选材料、梳理知识进行精心的准备。在学生的准备过程中，分析问题和解决问题的能力逐步得到提高，运用自己的知识来精选准备 Free talk，其实就是学生提升综合能力的好机会。

（三）在教师指导和学生交流的过程当中，拉近了师生之间的距离

深厚的师生情谊也会为优质教学助力。真诚的鼓励，温暖的眼神，加上彼此的信任，往往会产生神奇的化学反应。这份魔法般的力量甚至会影响孩子们的一生。先亲其师后信其道，是我不断努力的目标。教书育人需绵绵用力久久为功，方能止于至善。

初中语文课堂教学中传统书法的渗透策略

◎鲁　状

一、实践背景

中国的传统书法是一门源远流长的艺术，它不仅在古今中外文化发展史上有着重大而深远的影响，更与语文教学关系密切。《义务教育语文课程标准》规定：初中生在使用硬笔熟练地书写正楷字的基础上，学写规范、通行的行楷字，提高书写的速度。临摹名家书法，体会书法的审美价值。可见，在初中语文课堂教学中渗透传统书法是有必要的。

二、具体操作细节

（一）课前设计

1.软笔硬笔，临摹对比

以课后字词作为切入点，学生在预习阶段通过临摹硬笔与软笔的实践，深入领会汉字的结构，感受书法的艺术魅力，进而提升其书写水平。课前，学生使用描红纸分别摹写一次。学生在对比两种书写方式的效果后，不仅能认识到软笔与硬笔之间的区别，还能深刻体会到它们共有的特点。

2. 欣赏作品，了解作者

课前预习对于提高学生的文化素养至关重要。在接触名家作品时，学生们应深入了解其背后的文化背景，并欣赏其字帖，以体会传统书法的独特美感。

（二）授课过程设计

1. 书法情境，个性表达

当进行古文和古诗文教学时，教师的软笔书法作品可以作为有效的教学辅助工具。这些作品能够与古文、古诗文的意境相结合，为学生营造一种身临其境的氛围，使他们更加深入地感受传统文化的魅力。

2. 书法课堂，专业指导

本课堂特别设立书法指导课程，旨在全面提高学生的书法技能。课程中不仅涵盖硬笔书法的教授，同时加强学生对软笔书法的运用。我们致力于营造一个"学习书法、勤奋练习"的学习氛围，让学生在这样的环境下精进技艺。

3. 作品图片，体会情感

在教学过程中，尤其是在运用信息技术手段时，教师应根据课程目标，精心选择并播放与书法知识相关的视频和图片资料。

4. 课堂笔记，注重书写

为提升学生的书写技巧与注意力，我们特别设计了一款课堂笔记本。在使用过程中，学生不仅能够记录课堂内容，还能时刻关注自己的书写质量。为确保学生书写水平的持续提高，老师将定期批阅这些笔记本，并提供详尽的评价与展示。通过这一举措，我们能够清晰地观察到学生书写水平的成长轨迹。

（三）作业要求拓展

1.预习板书，课前展示

为了有效地提高学生的书写技巧并加深他们对文学常识及课文基础知识的理解与记忆，给学生"布置作业"。按学号顺序，每节课前指派一名学生，利用课间十分钟将新课的文学常识及课文要点等内容清晰、端正地书写在黑板的一侧。在课堂上，老师将针对学生的书写进行点评，并与传统书法相结合，以此提升学生的书法欣赏与创作能力。

2.统一要求，工整书写

统一设置作业本，并在每页旁边特别设立一个作业评价专栏。在这个专栏中，我们将对学生的作业正确度、书写美观度以及书写速度进行明确要求。为了确保这一要求的落实，老师定期批阅学生的作业，并进行详细评价。同时，我们还会选取部分优秀作业进行展示，以此激励学生不断进步。

3.试卷作文，张贴展示

在考试过程中，我们将对考生的作答正确率、书写美观度以及书写速度提出明确要求。考试结束后，我们将在试卷讲评课上对每位考生的答卷进行详细点评。我们将挑选出书写优美、内容真实、表达流利的作文，供同学们传阅，并在适当的场所进行张贴展示，以供大家学习和借鉴。

4.课后临摹，师生研讨

学生们各自持有一本软笔书法字帖，充分利用课余时间，同学间以及师生间进行深入的探讨和研究。通过相互学习、共同研讨，他们在书法艺术的道路上不断取得进步，实现共同的提升。

5.书法传递，相互激励

为增强学生的书法学习热情，特设立"书法传递本"。每位同学将在此本上书写数行，随后传递给下一位同学。接到本子的同学需对前一位同学的书法作品进行评价，并接续书写。

三、实际效应

1. 成功激发了学生对传统书法的兴趣。在语文教学当中引入传统书法的内容，这对学生来说是新颖的，与日常的阅读、理解和做题等教学内容形成鲜明对比，从而自然地吸引了学生的注意力。

2. 引导学生养成良好的书写习惯。传统书法的价值并非仅体现于字帖之上，而是更广泛地应用于人们的日常书写之中。

3. 深化了学生对传统书法、传统文化的认知。语文教学在引导学生欣赏名家字帖之美的同时，也全面揭示了其背后的故事、文化以及时代精神，从而实现了书法教学、语文教学与传统文化教学的有机结合与深化。

4. 教师自身形成了独具特色的语文教学风格。当书法教学在语文教学的基础上进行良好呈现并取得良好效果时，极大地推动了教师语文教学风格的形成。

5. 将传统书法教学融入语文课堂教学之中，是一种新颖而富有创意的课堂实践。这种尝试不仅为学校语文学科教学提供了更多元化的思路与经验，而且有助于形成具有创新性和独特性的教学特色。

四、经验应用价值

经过本课题的深入研究，可以明确观察到学生对于传统书法的学习热情。学习书法不仅有助于提升学生的书写美感，还能让学生接触并掌握更多的事物。此外，如何有效保持学生的学习热情，并使他们能够持续练习书法，也是值得我们继续探讨的问题。

劳动教育与校园文化建设"四维三面八环"融合策略

◎关伟平

2020年3月，中共中央、国务院发布的《关于全面加强新时代大中小学劳动教育的意见》中提出，劳动教育要准确把握学生的劳动精神面貌、劳动价值取向和劳动技能水平的培养要求，全面提高学生劳动素养，使学生树立正确的劳动观念；要在校园文化建设中强化劳动文化，开展丰富的劳动主题教育活动，营造劳动光荣、创造伟大的校园文化。

遵循学生身心发展规律，围绕校园文化建设的"物质文化、精神文化、制度文化、行为文化"四个维度探究劳动文化的可融合性，通过"导向、凝聚、规范、设计、体验、实践、创新、评价"八环实施策略构建"学校、家庭、社会"三面一体劳动教育模式，营造劳动校园文化氛围，切实提升学校劳动教育的质量和水平。

一、选题意义及价值

（一）是培养学生树立正确劳动价值观的有效途径

习近平总书记在全国教育大会上指出："要在学生中弘扬劳动精神，教育引导学生崇尚劳动、尊重劳动，懂得劳动最光荣、劳动最崇高、劳动最伟大、劳动最美丽的道理，长大后能够辛勤劳动、诚实劳动、创造性劳动。"在校园文化建设中强化劳动文化，关系到学校"文化育人"的定位与彰显，关系到劳动"综合育人"根本任务的落地与实现。

（二）是推动学校劳动教育有效实施的重要手段

应试教育阶段，"劳动育人"价值被弱化，更应在学生劳动观念培育上下功夫，将劳动习惯、劳动品质、劳动精神融入到校园文化建设中，以"劳动光荣"的校园文化为载体，以"实践育人"的活动开展为途径，以"校家社"三面合力共建劳动教育新格局，推动学校劳动教育高效实施。

（三）是实现学校"卓越幸福"校园文化建设的核心要素

沈阳市第七中学秉承"追求卓越，缔造幸福"的办学理念，践行"五育"并举，全方位构建"卓越幸福"的校园文化。将劳动文化融入校园文化的"四维"建设中，以"七中精神"作为劳动教育实施的思想引领，践行"劳动者思想"是劳动教育的重要使命，为实现"卓越幸福"的校园文化建设提供有力保障。

二、课题实施及策略

（一）加强劳动文化培育，丰富学校精神文化内涵

1.校歌、校训犹如学校的精神图腾，挖掘其中蕴含的劳动文化元素，让学校精神载体成为劳动教育的思想引领，引导学生树立正确的劳动观念，早日成长为新时代合格劳动者。

2.结合重要时间节点开展植入理想信念的劳动主题活动，设计"学校""家庭""社会"劳动实践清单，引导学生浸润式体验，感悟"劳动开创未来"的内涵。

3.将校园广播站作为学校精神文明的宣传窗口，在精神文化中注入劳动教育的强大能量，用声音深化劳动精神涵养，营造充满朝气的校园文化环境。

（二）构建劳动评价体系，强化学校制度文化建设

加强常态化班级管理，制定劳动公约，组建劳动小组，设立"学生服务岗"，组织学生参与班级美化、校园保洁、餐厅服务和书吧管理，每周评比表彰，培育学生形成正确的劳动观念和良好的劳动技能。

构建"四维三面八环"劳动评价体系，多维度、多层面、多阶段开展劳动实践，将劳动素养纳入学生综合素质评价，从"自评""他评""校评""家评""社评"等多角度对学生的劳动素养进行评价和表彰，规范学生劳动行为，强化校园制度文化建设。

（三）打造劳动氛围校园，发挥学校物质文化功能

结合学校校园环境开设劳动实践基地，把绿地使用管理权交给学生，由各班自行开垦、耕种，让学生走进"实践的课堂"，通过情境式劳动体验，让学生感受劳动光荣，体会到劳动对于自身和社会的真正价值，争做校园环境文明建设的维护者、实践者和先行者，共同打造具有劳动特色校园。

（四）搭建劳动实践平台，推动学校行为文化提升

假期是形成"校家社"劳动教育合力的最好时机，通过开展"晒出我的学习桌""家用器具的使用与维护""打造年味儿家居空间""晒出我手中的年味儿""新年不将'旧'"等系列创新实践，引导学生用劳动美化家庭、用劳动服务社会、用劳动创造世界，使家长成为孩子劳动教育的"指导者""养成者""促进者"，将劳动精神内化到学生的家庭生活和社会生活

中，稳步夯实学生成长的基础，塑造学生的劳动观、人生观和价值观。

三、课题研究的实际效应

（一）研究结论

本研究以校园文化建设的"四维"融合为劳动教育的切入点，以"八环"设计为劳动教育的实施策略，构建"校家社"三位一体的劳动创新教育模式，践行了新时代劳动教育的综合育人目标，有效推进了校园劳动文化建设的发展进程。

（二）学生的进步与成长

常态化劳动管理规范了学生的劳动行为，培养了学生的劳动习惯，塑造了学生的劳动观念；系列劳动实践磨炼了学生的劳动意志，激发了学生的劳动创造，提升了学生的劳动技能和综合素养，促进了学生的全面发展。

（三）教师的提升与发展

作为劳动学科教师，通过研究拓宽了劳动课程开展途径，提升了教学能力；作为学校的中层管理者，通过多维度实践活动的开展，提升了管理能力；作为学校劳动教育的推行者，深刻认识到劳动教育创新开展对于推动学生成长、促进校园文化建设、助力学校高质量发展的重大意义，为未来劳动教育的发展提供了新思路。

四、课题研究的经验应用价值

学校文化的内核从无到有，再大到无形，对学生发展来说，校园文化的导向、激励等作用是一种潜在的教育力量，就我校而言，劳动教育的融合开展持续推进，"无边界卓越教育"育人理念更是体现了教育资源的多元化、无边界融合。以创新劳动教育为载体，将学生培养成具有强烈创新意识和创造能力的未来社会公民，让劳动教育成为学生终身教育的一部分。

贯穿式情境教学法在初中生物教学中的应用

◎张韫璐

一、具体操作细节

（一）对七年级学生生物学习现状调查分析

首先调查学生对生物是否感兴趣、上课时的状态以及对相关事情的态度来了解学生的兴趣爱好，这是开展这一教学法的重要前提。通过了解学生的兴趣爱好，教师可以定制更符合学生需求的教学内容和情境。

结合学生的调查结果，可以看出大多数学生对生物学持有浓厚的兴趣，他们在日常生活中会主动关注生物学相关的新闻和事件，这表明他们有着对生物学知识的渴望和探索的意愿。此外，学生还期望教师在教学过程中能够用一条清晰的主线将知识连接起来，帮助他们建立知识之间的联系和整体框架。

（二）归纳贯穿式情景教学的基本流程

结合查阅的资料和对贯穿式情境教学法应用策略以及生物学本质属性的探究，可以将贯穿式情境教学法的基本流程归纳为如下步骤。

1.整理教材，设计情境

针对苏教版《生物（七年级上、下）》两本教材的内容，进行贯穿式情境的设计，构建一个符合学生现实生活经验的、能够让学生主动参与并获得新知的贯穿式情境。在进行设计时，需要注意以下问题。

（1）深挖教材和研究学生

认真研读教材，全面理解教材内容间的联系。在建立了较完整的知识体系情况下，依据课程标准，参照初中生的学习特点和认知能力，设计情境。

（2）直观形象和重点突出

情境的价值就是提高教学内容的灵活性和趣味性，而贯穿式情景更应该直观、形象地让学生感知知识。更重要的是，情境的设计要能够突出本节课的重点，而不是"满天星"式地呈现所有知识点。

（3）利于引导

生物的教学以提高学生的能力、发展学生的想象力为宗旨，贯穿式情境的设计可以作为课堂内容的一个参考，应考虑到对学生能力的引导。

2.汇总情境，进行分类

分别将七年级两册教材34节内容的贯穿式情境整理出来，对设计出的全部情境按照各自的特点进行归类。

3.对贯穿式情景教学进行应用研究

通过课堂实践后，将整个贯穿式情境教学法的教学步骤归纳出"三部曲"，即：

（1）设定情境、激发兴趣

设立情境进行导入，明确本堂课需要学习的内容。接下来利用视频、图片、文字等手段将情境进行具体的描述，激发学生的学习兴趣。

例如，以七年级上册"贯穿式情境二　小明的植物观察日记"为例，首先让同学们观看小明培养的植物，并以小明委托者的身份展示植物生长过程的视频和实物，让学生以小组为单位，联系之前所学内容和教材对老师提出的探究问题进行讨论。

（2）构建模型、深度思考

古人云："疑为思之初，学之端。"有效问题的提出对学生的深度思考具有重要作用。这些问题应该具有一定的深度和广度，能够引发学生的思考和讨论，帮助他们拓展思维。

例如，在"贯穿式情境二　小明的植物观察日记"的教学中，让学生拿出自己带来并泡好的大豆和玉米种子，提出问题："泡过水之后，种子发生了什么变化？按照教材上的步骤将种子解剖后，观察到了哪些结构？它们将来又会变成什么样子呢？玉米种子和大豆种子的结构完全相同吗？"小组合作，进行探究活动。

（3）现实应用、情感升华

学科核心素养的提出意味着教学目标的升级，新的教学目标强调知识要从理解到应用。因此在教学中还应添加与实际生活相关的问题，来提升学生们的情感态度与价值观。

例如针对"贯穿式情境二　小明的植物观察日记"，可以让学生思考"植物也会有感觉吗"这一问题，并提供给学生相关的研究资料，让学生畅所欲言，各抒己见，培养学生热爱生命，保护大自然的健康心态。

4.典型案例研究，观察效果，提升能力

基于上面建构的贯穿式情境教学法的实施流程，对七年级下册第十章第一节"血液与血型"进行教学设计与实践。

三、实际效应

（一）学生的变化

1.贯穿式情境教学法能提高学生的学习兴趣

通过贯穿式情境教学法的教学实践，对学习的要点和结构更为清晰，提高了学习兴趣和自主思考的能力。

2. 贯穿式情境教学法有利于学生建构知识

通过贯穿式情境教学，学生习得明白、记得扼要、学得精当，并且从一开始的不理解、对知识点死记硬背到现在通过对知识的理解来进行记忆，效果更加显著。

3. 贯穿式情境教学法能够提高学生思维的连贯性

贯穿式情境教学法通过创设与现实生活或实际问题紧密相连的情境，使学生在解决问题的过程中逐步构建知识体系。这样的教学方法可以帮助学生将零散的知识点连接起来，形成完整的知识框架，从而提高思维的连贯性。

（二）教师的变化

1. 教学理念上：转变了以教师为主体的教育理念，由过去课堂上的教师的一言堂，教师用大量的时间讲，学生用大量的时间背转变为在做中学，在实践中记忆。

2. 教学方法上：在科研过程中，接触到了新的教学理念与教学思想，改变了我自己的教法，更加以学生为中心进行教学。

3. 教学内容上：在课题研究的过程中对于教材内容以及课程标准的理解与把握有所上升。

四、经验应用价值

通过以上所阐述的四个步骤，将贯穿式情境教学法更贴切地应用到了教学活动中，提升学生对知识的渴求度，培养了学生自主探究、获取知识的能力，也能够将知识更好地应用到现实中去，真正让学生做到学以致用、寓教于学。

中小学美术写生活动的有效途径

◎闻　惠

　　大多数美术教师对于提升学生基础知识和基础能力的培养深入课堂，已经具有相对成熟的理论与实践支撑。但在将提升"双基"向提升美术核心素养的转变过程中，如何增强艺术的体验性、突出课程的综合性有待深入研究。本文介绍的是如何通过不同途径的写生活动来有针对性地提升学生的美术核心素养。

一、实践背景

（一）要对学科特点有全面的认识

　　《关于全面加强和改进新时代学校美育工作的意见》旨在以提高学生审美和人文素养为目标，弘扬中华美育精神，以美育人、以美化人、以美培元，把美育纳入各级各类学校人才培养全过程。美术课堂中要注重学生感官的体验和创作的内化。学生美术核心素养的提升应遵循美育教育的规律，美术课程的理解水平和参与实践的体验经历一样重要，一堂完整的美术课一定会既凸显学生的主体地位，也关注学生的个性化、差异化学习和发展需求。

（二）要对学生及教师情况进行分析

班级中的每一个学生都是生动个体，一起组成课堂的主体。他们有对于美的感知与追求，常常对美术学科与审美意蕴有探索欲。中小学阶段的学生由于对事物还缺乏一定的认知和理解，不能完全地理解、表达、反馈和将所学真正运用于生活之中，所以教师既要激发其学习兴趣又要寻找新的知识技能传授方式。如何将基础知识和基础能力的培养向学科核心素养的提升转变，成为美术教师应该深入探讨和考虑的问题。

二、具体操作细节

（一）明确美术课堂的教学目标与方式

《义务教育艺术课程标准》中指出，学生可以观察自然、了解社会、感悟人生，探究、体验、领会艺术的魅力，积极、主动参与艺术活动，再现与表达世界。可以通过厘清其中美术核心素养的内涵和具体要求，对美术课堂的总体教学目标有清晰的把握。

美术核心素养通过美术课程的学习后，成为学生最有价值的一种关键能力和必备品格。要通过美术课堂来提升学生五大美术核心素养，需要"美术鉴赏"与"美术技能"相结合，"美术技能"与"美术创作"相融合，"创新"与"继承"相衔接的内容。而不同的美术学习情景则是教师在美术课堂中落实美术核心素养的抓手。

（二）明确写生活动开展的重要意义

写生活动的重点不在于是否有了室外的活动，而是在过程中给予学生尽可能多的体验。学生通过对外部事物的感知与临摹，可以在探索过程中完善自己对事物的认知和理解。美术核心素养的提升必须经过教师有意识的增设条件、联系真实情境完成对于美术学科内容的内化。学生通过不同的亲身体验形式和探索的实践后才能获得经验，并通过作品和表达能力上体现出写生活动开展的真正价值。

（三）总结四种不同形式的美术写生活动开展的有效途径

1.通过梳理教材、教学参考书分别设计了课堂中的静物、实物写生和自然景物或人文景观的户外写生两种不同形式的写生活动

研究教材是教师教学的前提和基础，以人美版一至九年级美术教材为例，在二年级下册《吃虫草》中，很多学生都能够描述出不同吃虫草的主要特征。但当真实的吃虫草被展示到学生们面前时，他们仿佛重新认识了这一植物。原来吃虫草并不像动画片中表现的那般硕大，叶片之间的穿插关系是有秩序的左右依次交叉。教学目标中的知识与技能可以转换为提升图像识读的能力，过程与方法可以转换为提升艺术表现和创意实践的能力，情感态度和价值观可以转换为提升审美判断和文化理解的能力。

户外的写生活动可以引导学生通过主动的发现和对未知的探索，在不知不觉间发现解决问题的方法，同时对自然中所流露出的美感也会有了潜移默化的认识。例如七年级上册《大自然中的色彩》，可以通过教师有构思的教学设计，实现写生活动的开展，给予学生更多发现问题、解决问题的情景。

2.通过外部资源梳理出了社会美育场所的研学写生和突破时间、地域限制的"云"写生

有着"共和国长子"之称的沈阳历史悠久，是清朝发祥地、现代中国重要的重工业基地。沈阳属于温带大陆性季风气候，每一季节都有其独特的自然风貌和人文活动。绝佳的地域特点可以把握任何可能为学生开展写生活动的机会。通过资料收集、网络查阅等方式，可以寻找到很多适合学生探索研学的社会美育场所，例如博物馆、美术馆、图书馆和文创园等。

但是，对于学校来说，一个社团或一个班级的写生活动并不能普及到全体学生。通过教师前期"预"写生并利用网络推广的方式可以很好地普及全体学生。教师到预设地点拍摄并后期配以讲解的视频，可以跨越时间和地域让学生依然以第一视角观察事物。同时，教师有意识的设计镜头的观察路径能更好地引导学生学会观察、发现细节并根据自己的理解创作出作品，完成"云"写生的教育闭环。

三、实际效应

（一）学生方面

激发了学生主动学习、自主探索的学习兴趣，增强对于艺术的审美判断和文化理解。促进了学生善于发现、梳理归纳的思维品质。提高了学生明确问题、解决问题的综合能力，提升对于美术学科的美术表现和创意实践。

（二）研究者方面

拓宽了教师在美术课堂中知识与能力的获取方式与应用方式的思路。加强了课程资源在提升学生美术核心素养方面的融合与创新。美术课题更鲜活、具有生命力，加深了教师对于新课标的理解和认识，为美术教师提供了提升学生美术核心素养的有效途径。

四、经验应用价值

通过多种不同形式的写生活动，确定多元化的学生成绩评估方式。对于学生最终完成的美术作品能体现出学生运用各种知识解决学习任务的水平，体现其思维能力、动手能力以及审美感知能力。引导学生能够像美术家一样创造，像艺术家一样思考，能够在探索过程中自主发现问题并解决问题是学生提升核心素养的重要标志，也是美育浸润心灵的最好体现。

小学英语中年段"单元情境构建五法"

◎袁冬齐

一、实践背景

（一）实践环境

《义务教育英语课程标准（2022年版）》中强调，英语课程体系旨在培养学生的核心素养，注重学生语言能力、文化意识、思维品质和学习能力的相互渗透，协同发展。教师要有意识地为学生创设主动参与和探究主题意义的情境和空间，使学生成为意义探究的主体和知识建构者。

（二）现实问题

在小学英语课堂教学中，应用情境创设方法时，常常面临情境创设与单元内容相割裂、虎头蛇尾、生搬硬套等问题。其原因可以追溯到情境创设方法的不适应性，即没有根据单元主题与内容以及学生的学情进行创设。

二、具体操作细节

（一）操作初期

1. 整合教材内容：依据新课标，将教师所研究的三、四年级教材内容按照主题内容进行整合。

2. 整理小学课堂中常见的情境创设方法。

3. 分析学生现状：利用问卷、课上观察、课下交流等方式了解学生对学科本身和情境创设教学的态度。

（二）操作中期

探究情境创设在各主题下的有效方法。

1. 实物创设法

借助实物创设情境，即真实情境的提供。例如在 3BM1U1 中，教师利用实物创设真实情境，学生在情境中学习描述物品颜色外进行一定的拓展。第二课时中利用蜡笔和纸等工具引导学生发现颜色混合的奇妙反应，使学生在动手操作中发现并领悟知识。

该方法适用于身边的事物与环境等相关的主题内容，教师可以将大量的名词、一些形容词及一些方位介词用实物呈现。此方法有助于学生在真实的语境中学习单元内容，辅以相关话题的练习进行巩固强化，从而提升学生语言运用能力。

2. 角色扮演创设法

学生通过角色扮演的方式参与课堂情境创设。例如 3BM1U3 一课，教师创设帮小兔子回家的情境，一课时设置途中听到的各种声音学习本课，让学生通过角色扮演在情境中运用并巩固所学。二课时设定途中听到"Gu Dong"的声音步步探寻，使学生在单元内容的学习中，始终在同一个情境中，快速理解新知并巩固提升。

该方法适用于动物主题。有趣的扮演活动能激发学生学习兴趣，从而充分地调动学生的"知、情、意、行"协调地参与到教师所设定的"问题"解决过程中，培养学生的综合素养。

3.生活实际创设法

学生通常喜欢谈论真实事例，创设情境时最好可以贴近学生生活。例如：学生在4AM2U4中，要求对照自己的全家福照片画Family Tree并介绍。

该方法适用于与生活息息相关的主题内容，教师在教学中把语言知识与学生生活实际联系起来，可以让学生充分体会"学习来源于生活、用于生活"的道理，增强学习英语的兴趣，感受学习英语的价值。

4.多媒体辅助创设法

多媒体辅助创设情境可以增强教学的直观性，使教学形象化、具体化、情境化。例如3BM2U4中教师利用图片、音频等方式创设春游情境，让学生在春游的情境中学习语言知识并进行拓展。

该方法适用于常见节假日、文化体验、天气与日常生活及常见动物，动物的特征与生活环境等无法真实呈现的主题。多媒体的综合运用可使各种因素优化组合，学生能加快认知的速度和准确性。尤其对一些抽象的问题，此方法更有着无可替代的作用。

5.体态语言创设法

体态语言能使抽象的东西具体化，便于学生理解记忆。例如4AM1U3一课教师运用体态语言表达自己的情绪及状态，学生在互动中学习并运用所学语言知识。运用体态语言比简单地给出图片更能使学生体会人的情绪以及状态。

该方法适用于个人喜好和情感表达等相关主题内容。在体态语言创设的情境中，学生在课内模仿教师进行互动并动脑思考，从而吸引学生注意力，使学生始终处于积极学习状态中，得到良好的教学效果。

（三）操作后期

1. 评估情境创设效果

在实施情境创设方法后，及时了解学生反馈和学习效果。全面评估情境创设是否达到预期目标，及时发现问题，调整教学策略。

2. 总结经验教训

根据评估结果，总结情境创设过程中的经验及不足，不断完善，为今后的教学实践积累宝贵的经验。

3. 持续优化改进

结合学生实际，持续调整策略、及时关注新的教学理念和技术，不断更新知识和技能。

三、实际效应

（一）学生的核心素养得以提升

1. 激发学习动机：情境创设方法适宜使学习变得有趣、具体，从而激发学生的学习兴趣和动机，更积极主动地参与学习。

2. 提升学习效果：情境创设法整合单元内容将语言学习与实际场景联系起来，提高学生的语言运用能力和问题解决能力。

3. 培养综合能力：通过情境创设，培养学生在真实情景中的表达与合作能力，从而提升综合素养。

（二）教师教学能力和业务素养得以提高

在课题研究过程中，教师学习并搜集了大量的相关资料，全面深入研读现行教材，提升了教师的教学能力，培养了系统性思维和创新意识，丰富了教学方法和策略。

同时在课题研究过程中，将课内外资源整合，为一线英语教师提供了关于单元整体视角下情境创设方法方面的资源整合数据。

四、经验应用价值

通过本次研究所总结的经验，为教育实践提供一定的启示和借鉴。

1. 学生学习效果

本研究有助于为学生营造更加生动有趣的学习环境，激发其学习兴趣和主动性，从而提高学习效果。更好地满足学生的学习需求，促进他们的全面发展。

2. 教师专业发展

研究过程中，教师提升了教学能力，培养了系统思维和创新意识。这种成长经验可以为其他教师提供参考，助力其在实践中不断提高教学水平，推动教师专业化发展。

3. 教学改进

研究结果为未来的教学改进提供参考，帮助教育工作者更好地利用情境创设方法，提高教学效果和学生学习成果。

研究结论可以作为教学研究的基础，进一步探索和验证不同情境创设方法的效果，为教育领域提供更多的教学策略和方法。

"双减"政策下有效促进小学家校合作的方法

◎张　晔

一、实践背景

每一位青年教师刚走上讲台时，被贴在身上最多的标签就是"没经验"。年轻的班主任老师们，非常希望得到家长的认可，成为一名有智慧的班主任，让班级的孩子在幸福的教育中全面发展。

在"双减"政策背景的影响下，缓解家庭教育焦虑，提高学校教学质量，家校共育面临更加严峻的挑战，这便对班主任老师的工作提出了新的要求：让班级管理更加合理、更加科学，让家长对班主任老师更加信任、更加配合，让孩子在班级中更加幸福、获得更好的发展。因此，在"双减"政策下进一步科学有效地促进小学家校合作，有利于提高学生学业成就，形成健全人格；转变家长教育观念、积极参与学生教育；建立良好的亲师关系、提高教师教育教学的效率、提升教师能力和素质；形成教育合力，提高教育质量。

二、具体操作细节

（一）整体把握班级中学生及家长对家校合作的认识情况

1. 了解学生在家庭中的主要陪伴源

父母的陪伴在孩子成长时期有着不可取代的作用，影响着孩子身心的健康成长，对孩子的成长具有重要意义。在社会经济快速发展的背景下，年轻父母因为工作等原因不得不减少对孩子的陪伴和教育，不同角色的陪伴，对学生的身心发展有着不同的影响。

2. 了解学生对家长和老师沟通的意向

开展家校合作之前，对班级中学生与家长和老师沟通的意向进行调查。大多数家长对家校合作的意识较为薄弱，家长和老师分别关注学生在校和在家的状态，因为没有出现问题而缺少沟通，导致孩子在校和在家不能进行很好的衔接，从而产生不易察觉的问题。

（二）整合多种有效的沟通交流方式和活动手段，进行家校合作

1. 采取有效沟通交流方式

（1）根据班级学生家庭情况、性格特征、在校表现等将其分组，以组为单位进行定期沟通。

在与家长沟通的过程中，重点关注学生存在的问题，除了学科知识外，还要与家长明确孩子生活中急需解决的问题。通过定期回访，家长对老师工作的配合度明显提高，更多家长更加信任老师，感受到老师对孩子的关注和期待。

（2）以学生为沟通主体，鼓励学生参与其中，实施家长、老师、学生三方统一的留言条沟通方式。

家校合作的最终目标是为了学生的全面发展，因此在进行家校合作时，应以学生为主体，从学生的角度出发。在班级中，有些学生因为性格原因

不擅长与成人进行沟通，老师通过鼓励学生写留言条的方式诉说心中的困惑、问题以及分享成长的喜悦，老师拿到留言条后与学生进行谈心、开导，对症下药，精准高效地解决班级中实际存在的问题。

2.积极利用学校和班级活动，进行家校合作

（1）构建"爱好＋学业"课后服务，关注学生的全面发展

课后服务活动是"双减"政策的产物，需要学校与家庭相互配合，因此，家校合作不仅需要关注家校二者间的配合，更需要意识到家校合作是以学生为中心展开的，所以首要任务应该关注学生自身的学习和兴趣需要。

对班级学生以及家长的意愿进行调查，在班级中开展"爱好＋学业"课后服务，给学生们足够的课余时间来探索自己感兴趣的内容，同时也尊重了学生的主体需求等。"爱好＋学业"课后服务，是指每周5天课后服务，学生自愿参与，3天为班本课程，即班主任老师进行学业辅导；2天为社团服务，即学生依据爱好自由选择、参与学校感兴趣的社团，社团由学校统一组织开展，有篮球、足球、羽毛球、体能训练等。总之，"爱好＋学业"课后服务实现了家长满意、学生幸福的目标。

（2）开展家长开放日活动，让家长参与到学生的校园生活中来

家长对学生在学校一天的生活其实是充满了好奇的，利用学校的开放日，邀请家长走进校园了解学生一天的学习和生活。

（3）开展家长、老师、学生同时参与的三方"会谈"活动

班主任老师寻找契机，开展由家长、学生和老师共同参与的座谈活动，老师和家长共同聆听学生的诉求和需要、了解学生在学习和生活中遇见的问题和困惑。当同时面对和蔼的老师和温柔的母亲，学生更愿意敞开心扉，和家长、老师进行深度沟通。

（4）通过家访，给予学生个性化关注，提供更贴心的关怀

通过实践发现，学生更期待老师作为客人来到属于学生的"地盘"。家

访可以使教师更全面地了解孩子在家庭环境中的表现和成长情况，从而更准确地了解孩子的学习需求和问题，与孩子建立联系和沟通。

三、实际效应

（一）对学生

1.家校合作保证了学生的健康发展。家庭教育的内容在一定程度上与学校的内容相互补充，与学校教育能紧密合作，互相配合，保证了学生接受全面发展的教育，对学生的身心健康成长起到促进作用。

2.通过以学生为主体、从学生角度出发的家校合作，学生能够更加信任老师和家长，对老师和家长敞开心扉。

（二）对教师

1.通过定期的、有效的和家长进行家校合作，老师的工作能够得到家长的认可和信任，家长配合老师的工作，提高老师的工作效率，减轻老师工作负担。

2.家校合作保证教育教学的科学化。家校之间通过密切的沟通，老师对学生的性格和薄弱项目更加了解，能够保证教学方法、教育措施的有效性和科学性。

（三）对家长

1.老师通过和家长沟通，对家庭教育进行指导，使家庭和学校的教育目的达成一致，利用课后服务对学生学业进行指导，减轻家长的负担和焦虑心理。

2.家长能够时常了解学生在校的状态和情况，对于学生的校园生活更加放心。

3.家长与老师进行充分沟通，了解教师工作的长期性和复杂性，理解老师对学生的教育和管理，与老师更加紧密配合，共同助力学生全面发展。

四、经验应用价值

通过对家校合作的探索和实践，班级中每一位家长都非常放心孩子在班主任老师的教育下能得到更温暖的关怀和进步，班级中的每一位学生也都积极阳光，健康快乐。在"双减"政策下促进家校合作，整理出一套有体系、可实施、有效果的方法，让老师在班级管理的工作中如鱼得水，得心应手。

五、结束语

路漫漫其修远兮，关注家校合作在学生成长中的重要作用，是每一个班主任老师的职责；让每一名学生在自己的班级中健康快乐地全面发展，是每一位班主任老师最值得骄傲的事情。在新时代背景下，家校合作的探索之路任重而道远。

教／法／集／萃
JIAO FA JI CUI

新闻播报小微课程的有效实施

◎潘嫄嫄

时事政治教育是初中道德与法治教学内容的重要组成部分，在中考中占有一定的比重。新闻播报小微课程是基于道德与法治课堂开发的校本课程，颠覆了传统意义上的教学方式，是以学生为讲授主体，根据相应原则选取新闻，以短时播报形式将时事新闻引入道德与法治课堂，并开展学生自评、学生互评、老师点评模式。旨在增强学生的新闻敏感度，培养学生社会责任感。

一、新闻选取原则

由于学生总结归纳、甄选新闻能力有限，每堂课新闻播报之前，教师必须对学生本次新闻播报的内容进行审查、把关。

（一）新闻的选取应与教材知识点相连接

教师要把握原则，使播报的新闻与教材知识点紧密结合，帮助学生选取最典型的时事热点。

（二）新闻的选取大背景，突出时代性

要求教师眼明、手快、脑灵，及时把握重大时政热点。

（三）时事新闻应该是正面积极的

通过大量的正面教育帮助学生树立正确的人生观、价值观、世界观和政治观念，这是一个由量变到质变的转化过程。

二、课程内容及目标的选取和确定

由于不同年级的学生在认知、归纳等综合能力上有差别，并且所要达到的课程目标也有所不同，所以新闻播报小微课程在课程内容的选取上分年级实施，因材施教，循序渐进，遵循学生认知规律，预设有差异的三维目标，结合不同年级学生特征和教材内容，有针对性地开展研究。

（一）七年级

教材内容是"成长中的我"，要求学生收集校园、本地区、国内的新闻。

（二）八年级

教材内容是"我与他人和集体"，要求学生收集本地区、国内外的重大新闻。

（三）九年级

教材内容是"我与国家和社会"，要求学生结合中考收集本地区、国内外的重大新闻。考虑中考年级，可一周做一次"专题播报"。

三、新闻播报小微课程实施过程

（一）准备阶段——课前布置

1.新闻播报的时间、内容、分工合作、展示程序、语言礼仪。

（1）时间限制：5分钟。

（2）内容要求：近日国内外发生的重大事件，涉及政治、经济、文化等方面，数量要求3条新闻。注意：新闻的时效性，与教材知识的贴合度。注重新闻内容的导向作用和人文关怀。注重健康、积极向上、正能量的有效新闻。

（3）展示形式：新闻播报（七、八年级）、新闻专题（九年级）

（4）呈现方式：简报、书面文稿、电子文稿、PPT课件

（5）格式要求：标题、承办小组、制作时间、新闻内容及点评

（6）程序：新闻自评、同学互评、教师点评

（7）主持人要注意文明礼仪、行为语言

2. 收集新闻、处理信息环节：小组同学分别选取新闻，一起讨论比较，筛选出最符合要求的新闻，竞争合作，发挥潜能，激发兴趣。

3. 制作环节：各个班级以组为单位，分为6个小组，每组指定1—2人准备、播报新闻，学习小组成员轮流制作，发挥特长。

4. 教师作用："扶""帮""放"的原则

（1）七年级："扶一扶"。教师和学生一起收集新闻、制作文稿，多加指导。

（2）八年级："帮一把"。教师协助学生，提出建议。课前查看内容，把好质量关。增加新闻点评环节，注重与教材结合，教师点评要引导方向，提出要求。

（3）九年级："放开手"。教师要大胆"放开手"，适时引导，相信学生，关注学生成长，分享学生的成功。关注新闻与中考的结合。

（二）新闻播报小微课程在道德与法治课堂中的具体实施过程

1. 播报形式

（1）口述形式

在新闻播报的最初阶段，各个班级以组为单位，分为6个小组，每组

指定 1—2 人准备、播报新闻，通常由学生推举新闻播报员在第二次课前 5 分钟内完成整个新闻的播报环节。

（2）手写、打印形式

为了使学生能重视并从中获益，在之后的教学中我要求学生将准备好的新闻以手抄或者打印的形式展示，以便这一环节的顺利进行。

（3）利用多媒体幻灯片形式

在手写、打印形式之后，学生主动申请使用多媒体幻灯片展示，将所准备的新闻配以图片、视频。于是新闻播报由传统的"纸质新闻"转向了"多媒体新闻"。

2. 新闻点评机制

（1）新闻播报人自评

要求学生对选取的新闻材料进行评价。要求尽可能结合教材。

（2）学生互评

要求学生认真听取新闻播报，互评时学生可以提出质疑、补充。

（3）教师点评

①方向、内容的引导。

②深层挖掘，加以升华。

3. 激励机制

在学生上台做新闻播报前，教师带头鼓掌。评选最佳播报员，年级通报表扬。

（三）课下新闻的利用

教师应将学生每次总结归纳的新闻播报内容进行存档，并定期地将新闻转变成试题，加入到期中、期末的复习中，还将本月有价值的新闻汇总制作成新闻时事报，将新闻播报的价值延伸。

四、取得的实际效应

（一）对于学生

1.有利于扩大学生知识量的广度和深度。

2.有利于增强学生的信心和勇气。

3.提高了学生的语言表达能力。

4.培养了学生的社会责任感。

（二）对于教师

1.有利于教师与学生的沟通。

2.有利于教师不断更新自己的观念，做到与时俱进。

五、实施的经验价值

（一）实践了课改关于关注学生主动性、积极性的要求。

（二）帮助学生形成良好的人生观、价值观、世界观，增强社会责任感。

（三）助推了学校对学生的德育教育。

（四）践行了社会主义核心价值观。

初中语文"参较式阅读"教学法

◎赵楠迪

一、实践背景

2017 年 9 月，全国开始统一使用部编本语文教材，部编本语文教材中选文篇目增多，对于学生的个性化阅读体验有了更高的要求。当前学生的阅读，主要停留在浅层次阅读，阅读面也仅停留在课堂上的一些经典篇目，所以在阅读理解上，思维不够深入，理解能力有待提高。

二、操作细节

（一）确立"参较式阅读"的教学流程

1. 整体感知，激发兴趣

参较式阅读的起点是对教材进行整体感知，引导学生将注意力转移到对教材选文的学习中。教材中的选文篇幅有长有短，给学生充分的时间，用初涉心态去关照文本，与文本进行对话。

2.精读参照，确立目标

这一阶段主要是在整体感知的基础上进行文本精读，进一步缩小参照文章的范围，确立参照对象。学生对问题探究的学习热情一旦被激活，就会急切希望能够找寻解决疑惑的方法和途径，此时为学生提供相关联的参照文章进行阅读，就是让学生有迹可循。

3.妍媸优劣，比较探究

在精读文本确立参较对象的基础上，这一阶段主要是根据比较点的选择，进行深入的对比探究。比较点的选择首先要考虑其可比性，即能够紧密联系教材的文本、符合教学目标。

4.对话讨论，总结交流

在自主探究的基础上，学生已经在参与的过程中有了大致的探究结果，在这一阶段，指导学生将讨论交流的范围扩大，以小组汇报的形式进行探究成果的展示，也可以以讨论与提问的方式，鼓励学生在班级内自由发表自己的探究结果。

（二）"参较式阅读"的应用

1.以参较范围为标准

（1）宏观参较

宏观参较以专题教学为基础，教材中教学单元的出现为语文专题教学提供了良好的平台。如在《老王》一课的教学中就存在着不同文化之间的宏观参较，教师可以借此引入西方文化、日本文化来与中国传统文化进行宏观参较，这种参较建立在由"忏悔"所引生出的不同文化思维的基础之上，西方社会往往以基督教为文化基础，认为人生而有罪，因此在这种宗教信仰下滋生出西方人的"罪感文化"（李泽厚在《罪与文学》中提出）。教师在教学中从宏观角度利用不同文化思维的参较，让学生更深刻体会杨绛在这篇文章中所表现出的可贵，正是在深层次对不同文化思维的参较之中，学生才能真正理解杨绛通过文字感动精神力量。

（2）微观参较

对文本的理解不仅要从整体进行参较辨析，同时也要在文字上下功夫，在教授《西游记精读之 67 回》时，将孙悟空大战蟒蛇精的片段进行截取："那怪物肚皮贴（挨）地，翘（抬）起头来，就似一只赣保船。那厮忍疼挣命，往前一揎。"让学生在反复涵泳中体会文中作者的选词精当之处，在这里"揎"比"跑"体现出的速度更快，也是体现了蟒蛇精疼痛程度之深，侧面反映孙悟空的武功高强，通过字词赏析，微观参较，真正让学生从文本出发，细心体味文笔之妙。

2. 以参较文本的内容及形式为依据

（1）以参较文本的内容为依据

不同的参较视角帮助教师和学生从不同角度去挖掘文本，从阅读文本的内容来看，可以对文本的题材、主题、人物形象等进行参较。

例如在教授《爱莲说》时，周敦颐在《爱莲说》中借荷花去彰显不同流合污，遗世独立的君子品格；而同是以荷花为题材，教师可以同时向学生提供季羡林的《清塘荷韵》、朱自清的《荷塘月色》、李渔的《芙蕖》。这四篇作品都是以荷花为题材的佳作，但作者借荷花所表达的情感各不相同，通过建立以荷花为题材的参照系，进行参照比较，学生们感受到荷花所带来的不同神韵，对学生的写作也有一定的启示。

（2）以参较文本的形式为依据

从文本的创作形式入手，从文章的结构、创作手法、语言等方面进行参校。

对文本的写作手法进行参较，对学生更好地了解文本有所启示。例如鲁迅先生写的《故乡》中杨二嫂的出场方式，其中对主要人物的描写手法是鉴赏教学的一个重点。教师引导学生对两个出自不同作者的人物出场描写进行参较，有助于学生更好地掌握这种写作手法，同时做到温故知新，将旧有的知识与新知相联结。

（3）与图片及影视作品进行参较

我国教育家荀子曾提出："不闻不若闻之，闻之不若见之。"由此可见，对事物的认知都是建立在闻见的基础之上，多媒体将有限的内容进行无限的释放，通过多种感官刺激带动学生学习的积极性。图片及影视作品走入语文课堂，大多数都是出现在小说及戏剧单元，小说及戏剧具有极强的冲突性，情节扣人心弦，引人入胜，也正因为此，许多影视剧多改编自人们普遍认可且经典不衰的文学作品。

三、实际效应

（一）学生的提升

参照系的建立是为了更好地进行对比和归纳，在对比探究、寻找与发现的过程中对学生思维品质进行训练，教学的同时也是思维方法的灌输，语文的学习和思维发展同步，本方法是窥斑知豹的方法。学生在比较中分析，在探究中构建，逐渐学习培养自己思考问题、解决问题的方法，有助于发散思维的养成。

（二）教师的提高

利用"参较式阅读"教学策略，执教公开课《西游记精读》《乡愁》《最后一课》，课堂阅读深度和广度有所突破，积累了一定的阅读教学经验，提升教学能力。

初中数学教学"一线式"教学策略

◎李俊红

一、实践背景

（一）新课程标准要求

新课程标准指出："许多数学知识之间存在着紧密的联系，它们可能体现在不同的章节之中，在实际开展数学教学的过程中，应重视对教学内容做出整理，让学生理解到教学知识之间的联系，这是数学教学中的重要任务。"

（二）数学学科特点

对于数学学科而言，在逻辑性、连贯性方面表现得较为突出。因此，在教学时，不能过于单一、孤立地进行某类型、某章节知识教学，应基于数学教学整体，系统化地开展教学活动，提升数学知识教学的整体性，以此逐渐培养学生的数学思维能力和核心素养。

（三）学生的学情

基于多年经验，我发现一个较为普遍的问题：教师一讲学生就会，但之后遇到同类型问题时又不知如何解答。究其原因，在于学生缺乏对知识的系统性理解，没有充分掌握数学知识之间存在的联系，以致在同类型题目做出一些变化之后便无法顺利解答。

二、具体操作细节

"一线式"教学策略是一种重视数学知识之间联系的教学方式，对学生数学能力培养有显著作用，在教学应用中主要按照以下步骤进行：

（一）课前导入环节：渗透"一线"

课前导入环节，不只是回顾前节数学课的内容，也不只是引出本次课堂教学的内容，而应当是帮助学生认识到以往所学知识与本课堂教学知识之间的关系。其中"演讲＋树状图"的方式在应用中有较为突出的效果。

1. 演讲

数学教师在课前应做好备课工作，将本次课堂教学内容与以往教学知识之间的联系进行总结归纳，然后在课堂教学中应用语言直接陈述出来，以此完成课前教学导入。

2. 树状图导入

应用树状图进行导入，实质上是一种思维引导，通过树状图直观展示知识内容之间的关系，对学生认识知识内容之间的关系有实质性帮助。

（二）课堂教学过程：抓住"一线"

课堂是学生学习的最重要环节，为帮助学生建立知识之间的联系，具体可以采取以下几点措施：

1. 调整一节课内容的顺序

在实际教学过程中，应避免单纯按照教材排序进行数学知识教学，教师应基于自身的一些教学认识，结合以往的实际教学经验，对一些教学知识点做出整合、重组，从而有效增进学生对教学知识点的理解。

2. 调整不同课时内容的顺序

对于不同课时的数学知识教学，也应避免拘泥于教材中的顺序安排，结合实际教学效果做出调整有较高的必要性。

3. 自编自创习题

在实际数学教学过程中，教师应注意观察学生对相关定义、基础概念、知识要点的掌握情况，当发现许多学生在知识理解上都表现出问题之后，教师应仔细分析影响学生理解教学知识的因素，然后自行创设对应的习题，通过习题将教学知识要点融入其中，从而有效提升学生对知识点的理解，达到更为良好的教学效果。

4. 精心选择例题

教师在课堂教学中，数学例题的选择应用有着较高的重要性，首先，所选择例题应与本次课堂教学知识有紧密的联系，需要通过例题讲解增进学生对课堂教学知识的理解；其次，所选择例题应尽量避免涵盖其他章节中的一些难点问题，这会使得例题的复杂程度大幅提升，不利于学生对本次课堂教学知识的理解。

（三）在课后练习环节：延续"一线"

为增进学生对课堂教学知识的理解，布置适量的习题具有较高的必要性，但应重视习题与课堂教学内容之间的联系。

1. 专题练习

数学教师可以针对数学教学中的重难点知识设置专题，让学生通过专题练习增进知识的掌握度，专题练习是一种较为有效的课后练习方式，在单元复习、综合复习中都有着较为突出的效果。

2. 改编习题

在进行知识点复习教学时，通常会涉及较多章节知识综合的情况，学生面对此类习题通常难以顺利作答，为此需要教师在教学中梳理知识点，找到各知识点之间的关联性，整合一些较为常见的综合性习题，并做出适当的改编，让学生对相关习题进行练习。

3. 方法指导

良好的学习方法对学生掌握数学知识有较大的帮助，教师在教学过程中应善于引导学生掌握良好的学习方法，并注意培养学生良好的学习习惯，专门对学生进行学习方法方面的指导，这往往能够起到事半功倍的效果。

（四）"一线式"教学策略注意事项

初中数学教师在实际应用"一线式"教学策略的过程中，应注意以下几点：

1. 在应用这种教学策略时，要求教师对初中数学课程标准以及所用教学教材有较高的熟悉度，然后结合自身实践教学经验，结合当前中考形式，寻求更为有效的教学方式。

2. 该种教学策略在应用之前应结合学生情况进行仔细思考，切忌随意性改变教材顺序或删减其中的教学内容。

三、实际效应

（一）学生的变化

在采用这种教学策略后，学生不仅数学成绩有明显改善，而且更善于思考问题，逻辑思维能力得到明显提升。

（二）教师的变化

在这种教学策略探究过程中，感觉到数学教学工作的趣味性，让数学教学变得更具有灵性。

四、经验应用价值

初中数学教学"一线式"教学策略是我结合自身工作经验，不断摸索探究出来的教学方法，这种方法将学生实际情况与初中数学教学内容紧密联系在一起，注重引导学生理解各知识点之间的联系，注重培养学生的思维能力，更有效提升学生的数学核心素养。

初一语文教师示范写作"引领·感知·升格"教学法

◎徐蕴琦

作文教学是一线语文教师公认的难题，教师在作文课上把理论讲得头头是道，学生仍然无从下笔，无话可说。老一辈语文教育家曾经提出了让教师"下水"写作的想法，希望通过这种方式带动学生的写作。

对于初一学生来说，他们正处于小学到初中的学习过渡期，在这个特殊的阶段，教师的示范写作就显得尤为重要。针对以上现象，我们提出了语文教师示范写作"引领·感知·升格"教学法，旨在帮助初一学生，更好地适应初中写作要求。

一、具体操作细节

教师的示范写作能够激发学生的写作兴趣，启发学生的联想思维。学生在阅读教师示范文后，对文章的选材立意、结构布局、语言风格有了直观的认识，这就为他们自己的作文构思和作文修改提供了可以参照的范例。

由于教学目标和教学难度的不同，在作文课上教师往往会选择多种示范方式。我们将教师的示范写作分成三种形式："引领示范""感知示范""升格示范"。

（一）提纲挈领明宗意，别具匠心巧构思——教师"引领示范"

1. 应用范围

所谓"引领"，就是教师先在学生写作前，通过列提纲的方式，对学生写作的审题、立意、选材、结构进行示范引导。引领示范强调的是教师示范写作的"点拨"作用，即不把知识一股脑地传给学生，而是"点到为止"。

2. 操作过程

教师"引领示范"一般可以通过"同题写作""比较商议""参照修改"三个步骤完成。

（1）同题写作

就是师生在同一时间内，根据相同的题目进行创作构思。看到题目后，教师先让学生利用一定的时间，在草纸上写出作文的大概框架。与此同时，教师也在草纸上写出教师的审题、构思过程。

（2）比较商议

就是将师生的作品通过多媒体实物展台呈现在屏幕上，学生以小组为单位进行讨论、比较，找出师生思考角度或方式的不同。

（3）参照修改

学生在教师示范的基础上对自己的构思进行补充修改，让他们在构思阶段就能得到有效的指导。在这个过程中，学生在选材角度、立意、写法上都可以做出调整。

（二）满目俱是云烟满，纵看皆取锦绣裁——教师"感知示范"。

1. 应用范围

所谓"感知示范"就是指教师通过较为完整的全篇示范，让学生整体感知行文的结构、语言的特色。有些写作任务，考查学生的多方面写作能力，难度相对较大，提纲示范很难让学生有直观的感受，这就需要教师进行全文的示范写作。

2. 操作过程

教师"感知示范"一般可以通过"确立重点""整体呈现""讨论分析"三个步骤完成。

（1）确立重点

就是明确本堂作文课的教学重点或者难点。例如七年级上册第五单元写作练习"如何突出中心"，这节课教师着重要求学生学会使用"线索"来突出中心。

（2）整体呈现

教师选择学生比较常用的题材，通过对文章完整的示范，让学生整体感受到了如何在行文过程中紧扣主题。

（3）讨论分析

在示范作文中，教师标注了所有点题的部分，学生经过讨论会有一个直观感受：除了开头和结尾可以通过扣题来点明中心，在行文的过程中也可以将主题穿插在字里行间。教师在示范写作中尤其关注到了这一点，加深了学生的印象，学生在进行写作的时候就会有所侧重。

（三）千淘万漉皆辛苦，雕章琢句著文章——教师"升格示范"

1. 应用范围

所谓"升格示范"，是指教师在批改作文后，发现学生普遍存在的问题，有针对性地通过示范写作帮助学生发现问题，修改自己的习作，让自己的文章在立意、结构、语言等各个方面都有所提升。

2. 操作过程

教师"升格示范"包含以下两个步骤：第一，明确问题，针对写作；

第二，对比讨论，修改病文。

（1）明确问题，针对写作

例如七年级下学期的写作模块"抓住细节"，教学目标是让学生掌握细节描写的方法。在批改学生的习作后，教师在众多习作中找出比较有代表性的"病文"。接着出示经过教师修改后的片段，让学生在两个片段中找出不同的地方，并用笔标记出来。

（2）对比讨论，修改病文

经过对比，学生发现在环境描写和人物描写中，老师运用了大量的细节刻画，老师适时总结：在细节写作中要运用多种描写方法，将动作和表情放慢放大；运用多种修辞方法，使语言生动形象。这样，学生在教师的示范写作中便会掌握细节描写的方法。

二、实际效应

（一）学生方面

教师示范写作可以为师生营造一个良好的互动环境，消除学生对写作的恐惧感，激发学生的写作兴趣。帮助学生迅速适应初中的作文学习，改变了学生小学阶段单纯叙事的写作方式，让学生有东西可以写，有情感可以抒发。

（二）教师方面

通过教师示范写作，可以快速并准确地将一节课的教学重点和难点呈现给学生，减少了学生反复修改的次数，成文率就会提高。教师经常进行示范写作，保持写作习惯，积累了很多写作技巧，将这些经过实践总结提升的写作技巧迁移到课堂教学中去，对课堂教学设计能力的提升有很大的帮助。

三、经验应用价值

在小初衔接阶段的作文教学中，通过教师示范写作可以帮助学生尽快适应初中的作文学习。除此之外，对于一些学生比较陌生的文体写作，也可以采用教师示范写作的方式引导学生尽快掌握写作方法。教师示范写作是一种师生共同参与的教学形式，能够最大程度地促进师生合作互动，最大限度地拉近教师和学生的距离，树立教师威信，为之后教学开展打下一个良好的基础。

突破初中地理课堂重难点的"五型"实验教学法

◎程　瑶

一、实践背景

《义务教育课程方案和课程标准（2022 版）》强调地理课程中的实践内容，如图表绘制、学具制作、实验、演示、野外观察、社会调查和乡土地理考察等，旨在促进学生的长期发展。现实教学中，实验教学尚未得到有效实施。一线教师对地理实验在地理教学中的研究资料较少，地理实验的探索还有更多研究空间。

二、具体操作细节

（一）教具展示法

实验案例：3D 地图教具展示中国地势起伏

课程名称：八年级上册第二章第一节《地形和地势》

教学重难点：我国地势特点的高低方向

实验工具：3D 打印立体地图教具

操作方法：学生观察教具学习中国地势，触摸感受特点，总结出西高东低的阶梯状分布规律。

教具展示法适用有地理教具并能直观演示地理知识的课程。例如表 1。

表 1　教具展示法适用课程

课程名称	实验名称及具体操作
地球的运动	【地球昼夜长短变化】 实验教具：地球仪 实验方法：将地球仪模拟地球自转的同时围绕手电筒进行公转运动，观察昼夜长短变化
地形图的判读	【山体部位的识读】 实验教具：等高线地形图模型 实验方法：借助模型，指出不同山体部位所在模型上的位置；在模型顶部浇水，观察山谷、山脊雨天的不同现象

（二）手操实验法

实验案例：手指模拟山体起伏变化，认识等高线特点

课程名称：七年级上册第一章第三节《地图的阅读——等高线地图》

教学重难点：等高线地图的绘制及陡坡缓坡的判读

实验工具：准备黑色马克笔

操作方法：首先，让学生用左手食指的第三个关节为中心，画出 3 至 4 个椭圆形，模仿等高线。接着，让他们弯曲手指模拟山体。解释等高线绘制类似于俯瞰山体。最后，让学生展平手指观察等高线形成。

手操实验法适用于教学时间长、学生想象力不足的课程。例如表 2。

表2　手操实验法适用课程

课程名称	实验名称及具体操作
地球和地球仪	【制作简易的地球仪】 实验工具：乒乓球或其他球类、笔、铁丝、纸 实验方法：用球类模拟地球，用纸将地球粘起来，在纸上画出经纬线，用铁丝模拟地轴，将球固定起来，实现其可以旋转，制作成简易的地球仪
	【观察经纬线圈的形状】 实验工具：球状的水果，如：西瓜、橙子、葡萄等 实验方法：用水果模拟地球，画上经纬线，然后沿经纬线切开水果，观察经纬线的形状

（三）多媒体演示法

实验案例：一年中地球昼夜长短的变化

课程名称：七年级上册第一章第二节《地球的运动》

教学重难点：太阳直射点的南北移动

实验工具：多媒体展示

操作方法：教师使用 Powerpoint 软件制作了太阳直射点移动的动画，模拟昼夜长短变化。课堂上先讲解后演示，加深学生理解。

多媒体演示法适用于难以直接在课堂上展示的实验过程，或需要观察长期变化的现象的实验。例如表3。

表3　多媒体演示法适用课程

章节名称	实验名称及具体操作
地球的运动	【地球的自转和公转】 实验方法：运用 Powerpoint 软件制作地球自转和公转运动的模拟动画课件，展示地球自转和公转的运动

（四）拼图实验法

实验案例：记忆34个省级行政区轮廓

课程名称：八年级上册第一章第一节《疆域》

教学重难点：省份位置及轮廓记忆

实验工具：纸质中国行政区地图或泡沫板、剪刀、笔

操作方法：①制作纸质地图拼图练习行政区划。②用泡沫板临摹并裁剪制作拼块练习。③磁吸拼图板比赛，快速识别并拼出中国地图。

拼图实验法适用于地理轮廓识读，包括世界地理大洲、中国地理省区和有轮廓特点的国家区域地图练习。例如表4。

表4　拼图实验法适用课程

课程名称	实验名称及具体操作
大洲和大洋	【认识大洲、大洋相对位置及轮廓】 实验方法：剪出大洲轮廓，拼合相对位置，掌握位置知识点及认识轮廓
海陆变迁	【大陆漂移学说证据】 实验方法：通过剪纸，剪出南美洲和非洲的轮廓，模拟轮廓吻合的特点

（五）手绘地图法

实验案例：绘制创意地图

课程名称：七年级上册第一章第二节《地图的阅读》；七年级上册第二章第一节《大洲和大洋》；八年级上册第一章第一节《疆域》

教学重难点：地图绘制的三要素、对各类地图的理解和记忆

实验工具：纸、笔

操作方法：①讲完《地图的阅读》，让学生用地图三要素绘制出游路线图。②讲完《大洲和大洋》，让学生手绘世界地图，用创新思想填色，如人种、动物或特定主题的地图。③学完《疆域》，学生以中国地图为基础，绘制创意地图，如"吃货地图"或"景点地图"，优秀作品全校展出。

手绘地图法适用于需掌握地图轮廓形状和整体认知的课程知识，例如表5。

表5 手绘地图法适用课程

课程名称	实验名称及具体操作
中国地图	【中国地图的创意绘制】 实验方法：对中国地图的创意绘制，如色彩的创意搭配，或类型的创意选择，如：中国吃货地图、中国景点地图等
世界地图	【世界地图的创意绘制】 实验方法：有创意的绘制世界地图，如：世界代表动物地图、世界人种地图等

三、实际效应

学生地理学习能力得以增强，教师教学能力和业务素养得以提高。整合课堂地理实验资源，为地理教师提供了相关数据。

四、经验应用价值

地理实验教学法逐渐成熟，符合现代教育和新课标理念，强调实践和多样化教学，旨在提高学生地理核心素养和学习兴趣。作为一种高效教学模式，它具有广泛的应用潜力，值得教师深入研究和实践改进。

提高初中生英语阅读能力的群文阅读教学"五环节"策略

◎郝晓庆

一、实践背景

（一）《义务教育英语课程标准（2022 年版）》对于学生的阅读能力提出明确要求

《义务教育英语课程标准（2022 年版）》指出，义务教育英语课程总目标要有利于学生发展思维能力，从而全面提高学生的综合人文素养。初中英语群文阅读选材为同一体裁的文章，往往语言风格和句式都有一定的关联性，这些高度集中的成组文章能提高学生归纳总结的思维能力。

（二）目前中学生阅读能力的现状

现在学生在英语试卷中阅读失分较多，存在的具体现状如下：阅读技巧薄弱、英语文化品质低、学生阅读量有限还致使其信息积累也较为贫乏，我自己班级的好多学生没有从小养成阅读习惯，所以学生理解能力较差。不能根据已知信息，很好运用猜测生词和文章意思的学习技能。部分学生有一定量的阅读却不能及时地总结和归纳，导致学习的内容不能为己所用。在英语课堂上，学生很难独立地完整阐述自己对于文章某个问题的理解，更多都得依赖于教师的步步引导；学生对于文本的阅读大多停留在对于部分词汇的认知，而对于文章的思想、妙语的领悟基本是来自于教师的讲解。

二、具体操作细节

提高初中生英语阅读能力的群文阅读"五环节"策略则是分别在课前的"选材"环节，课上的"导入""读前""读中""读后"五个环节上，提出的相对应的群文阅读教学策略。

（一）选材环节原则及策略

群文阅读教学的形式是多文本阅读教学，课前选材也是非常重要的一个环节。根据学生情况，采用"横向比较迁移，纵向议题推进"的选材原则，以及四条线索及三种文本组合的选材策略。

（二）导入环节教学策略

导入环节总体战略是激发学生的学习兴趣、活跃课堂气氛的同时，让学生对本节课议题有初步认知，从而产生思考、激发思维。有以下四种方法：

1. 趣味视频法

通过播放本节课话题及授课内容相关的视频，让学生在感受视频乐趣的同时，从听觉、视觉多个角度立体地感受到话题内容。

2. 真实情境法

通过创设情境，让学生身处其中，引入主题。激发学生的阅读兴趣的同时又将整堂课以线索串联起来，逻辑清晰。

3. 生活实物法

通过生活实物导入课堂，贴近生活，让孩子看得见摸得着的同时觉得课堂内容离自己的生活很近，拉近距离，更容易接受。

4. 快乐游戏法

将授课内容或者话题和游戏融在一起，寓教于乐。让学生在感受快乐的同时，能集中注意力，专注地关注阅读内容或者话题。

（三）读前环节教学策略

1. 背景知识激活法

在导入主题后，阅读前，激活学生关于主题内容的背景知识是非常重要的。帮助学生将自己所学的内容和新授内容关联起来，使其更容易理解所学内容。

2. 头脑风暴法

让学生紧紧围绕话题中心说出关于主题的系列关键词，激活思维的同时调动所学知识，为理解文章和读后输出做铺垫。

（四）读中环节教学策略

1. 比较阅读法

先将文章分成几组，引导孩子进行比较阅读，可根据本节课教学目标选择比较文章内容或写作形式、角度、体裁、用词等。

例：在进行 animals 话题的群文阅读时，将文章分为两组。Passage 2 Amazing Animals 和 Passage 5 Animals' talk 为第一组，通过阅读了解一些神奇的动物以及学生感兴趣的动物们如何交流等，让学生轻松地进入到一个关于动物的神奇世界。

2. 信息查找法

教师指导学生运用预测、扫读、速读等阅读策略快速掌握文章重点信息，此方法适用于大部分初中英语阅读素材，可放在比较阅读环节后，也可在导入后直接进行，帮助学生迅速掌握文章信息。

3. 思维拓展法

本环节可用在比较阅读后，即在引发了学生的认知冲突和思考后，引导学生阅读另外一到两篇所选文章，实现对议题更深度的思考和认知。

（五）读后环节教学策略

1. 情感升华法

在精读后，教师引领学生总结板书归纳今天所学后，挖掘情感深度，激发学生情感，引起共鸣，达到情感教育的目的。此方法适用于文章内容比较易挖掘深度且容易引起学生情感共鸣的文章群组。

2. 观点表达法

在阅读文章后，梳理总结文章中的观点及看法，表达自己的观点，即同意与否及原因是什么。让学生在阅读一系列的输入后，输出自己的观点。此方法比较适用于议论文文章群组。

三、实际效应

高度集中的成组文章往往能让读者感受到阅读的趣味性，体会到英语学习的"获得感"，增强英语学习的自信心。这种训练方法对于学生的阅读能力的提升、对于学校英语教学特色的形成，都产生了深远意义。

（一）学生英语能力得到提升

根据学生的反馈报告和心得可知学生收获如下：

1. 通过群文阅读教学的实践，激发了阅读兴趣、激活了阅读思维，进而提高了学生的阅读"收获感"。

2. 通过群文阅读的训练，养成了更好的阅读习惯，提高了语言知识水平和技能即语言能力。

3. 通过一系列同话题文章的阅读，扩大了学生的眼界，让学生对某一话题深入了解。此外，引导孩子进行比较阅读，引发认知冲突，引领学生深入思考，提高了学生的思维能力。

总的来说，使学生的语言知识得到丰富、语言能力和思维能力得到大幅提升，群文阅读增加了英语课堂的深度、厚度和广度，并且学生的英语阅读测试和英语整体成绩也有稳步提升。

（二）学生英语成绩得到提升

1. 整体成绩提升

班级英语成绩在一段时间的策略使用之下得到了很好的提升。学生英语学科校名次变化，也体现出了大多数学生对比全校学生来说进步较大。

2. 个人成绩提升，英语成为优势学科

选取班级前十名的成绩分析，可得出结论：经过英语群文阅读训练，英语成为了学生的优势学科。

四、经验应用价值

初中生英语阅读能力的群文阅读教学"五环节"策略是在不断探索中逐渐形成和完善的，它确实迎合了当前对于英语阅读教学的诸多要求：落实新课程标准关于培养学生语言知识、语言能力、思维能力、文化意识与情感态度的要求。这是一个一举多得的课堂教学训练法，值得更多教师在英语课堂教学中应用和完善，相信能提高学生的英语阅读及学习能力。

小学低年级字理识字教学"三类六法"

◎江　雪

　　以象形字、形声字、会意字为主体，基于低年级学生年龄特点，设计的字理识字教学方法，让学生加深记忆效果，学会迁移运用，提高识字能力。

一、实践背景

　　《义务教育语文课程标准（2022 年版）》提出："要在语文学习过程中，培养学生爱国主义情感；培植学生热爱祖国语言文字的情感。"各学段文言文、诗词、古典名著等比例增加。鼓励学生多种方法识记生字是低年级语文识字教学的重点。

二、操作过程

　　（一）课前

　　1.问"渠"寻"源"。以教材、教参、学情为渠道，确认要重点指导的生字。结合单元训练点和实际学情，借助网络媒体、字典等工具书查找汉字的音形义方面的联系。

2.汇"源"成"泉"。对于本节课用到的字理识字法，进行一类字的迁移，实现从学一个字到一类字的过渡。

（二）课上

1.象形字

（1）图画演示法

结合动画讲演，将抽象的汉字用生动的方式表现出来。如"岸"字：上面是"山"字，下面是树干的"干"，中间可以想象为一条小河。小河两岸是一座山和一棵树，这个字就念"岸"，河岸的"岸"，岸边的"岸"。

根据字形表现的客观物体形状绘出与汉字相应的具体事物彩图，再呈现其演变示意图。学生看到彩图产生的视觉冲击会加深记忆，迅速知道彩图描绘的事物，接着再展示黑白概括线条图，由图画向抽象文字进行过渡。如"水"字，在呈现流水彩图的基础上再出示强调线条的黑白图画三条浪线。

（2）古今对照法

将现代楷书各部位与古文字的对应部位进行比照，从图画演示入手，利用联想和想象，获得对生字的整体认知。如教学"燕"字时，先出示楷体的"燕"，让学生联想燕子的各部位。学生观察发现"燕"的前部的圆圈是燕子的头，头前两竖交叉是燕子的小嘴巴，头后弧形的线条是翅膀，连接头和翅膀的是身体和尾巴。接着出示古体的"燕"字以及燕子的图片，让学生深刻认识到其象形特征，极大提高识字趣味。

2.形声字

（1）观形明意法

引导学生通过字的偏旁判断字义。利用多媒体，让形旁动态呈现，帮助学生通过细致观察，正确理解形旁，引导学生掌握形旁的表意功能。

如一年级上册《彩虹》中的"虹"字。虫字旁的字一般都和虫有关，可是"彩虹"的"虹"为什么会和虫有关？引出"虹"背后的历史故事：

很久以前人们不知道天上有什么，有一天下雨后，人们发现天上有一道彩色的虹，很多人觉得它像一条大蛇，有的说像龙，有的说像怪物。经过不断演变，"虹"演变出了虫字旁，这是因为"蛇"就是虫字旁，所以"虹"也是虫字旁，右边的"工"表示读音，所以这个字读"虹"。

（2）先声夺人法

创设识字情境，引导学生调动多种感官，通过基本字猜读生字，如含有基本字"苗"的字，看到声旁"苗"，可以准确认读形声字"描""喵""猫""瞄"。

3.会意字

（1）动作表演法

会意字最大的特点就是字形表意，在教学过程中可用肢体动作演示字的形义联系。如"看"字，把手放在眼睛（目）上，像孙悟空一样可以看到很远的地方。再如"休"字，一人靠在树上歇歇脚；"掰"字两手分开就是"掰"。学生在动作演示中感受到了汉字构形的表意特点，逐渐内化成更高效的识字方法。

（2）文字故事法

利用会意字的表意特征，改编成生动有趣的小故事。如教学"裹"字：有一个小孩，摘了不少野果子，回家时不好拿。他灵机一动，脱下身上的衣服，把野果子包起来，高高兴兴地提着回家了。这就是"果"在衣中的缘故。

（三）课后

1."游戏"中思

开展丰富多样的识字游戏、识字比赛，在游戏情境中检测学习效果。如生字开花、生字大风车、写字晋级赛、创编生字儿歌等。

2."生活"中用

街边店牌、公交站牌、物品包装袋……鼓励学生在生活中识字，增加生活识字量。

3."阅读"中拓

鼓励孩子多读书、读好书。关注学生阅读量、阅读兴趣以及阅读速度的变化，实现识字辅助阅读，阅读有益识字。

三、实际效应

（一）学生的提升

学生的识字兴趣提升了，更喜欢自主阅读文字较多的书，阅读速度也大幅提高。能够通过字理识字法更快识记汉字。

学生的识字能力提高了，越来越多的同学会关注汉字"音形义"的密切联系，举一反三识字。课外阅读中能通过观察字形判断字音，辅助阅读。

学生的错别字率降低了。形近字、同音字区分是低年级学生的学习难点，通过字理识字，学生知道了在什么情境、什么词语中用哪个字，错别字率大大降低。

（二）教师的提升

通过字理的渗透，课上借助图片、动画等多媒体手段，表演、文字故事等学生喜闻乐见的方式，提高了识字教学效率，让学生由"学会"变为"会学"。优化了自身的识字教学方法，提升了专业化水平。

四、经验价值

既符合当下高度重视传统文化教育的背景，又扎实推进了低年级识字教学工作，同时为中高年级文言文的学习做铺垫。有效解决低年级学生最易出现的形近字、同音字区分不清的问题，减少错别字，书写规范字。还可以让阅读更快、更流畅。同时，使教师意识到利用汉字本身的规律来教学，可以根本上提高识字教学的效率，让识字教学更加科学化、系统化。

初中古诗词批注式阅读"三空"教学法

◎刘 畅

一、实践背景

（一）新课程标准对学生自主阅读能力提出明确要求

《义务教育语文课程标准（2022 年版）》目标中提出以下观点："应使学生具有独立阅读的能力，阅读是学生个性化的行为，不应以教师的分析代替学生的阅读实践，阅读教学的重点是培养学生感受、理解、欣赏、评价的能力。"从近几年教育改革的新热点来看，在教学中我们将教学重点由"教的活动"向"学的活动"转化，倡导以学生为中心而非以成绩为中心的新型教育形式和方法。

（二）目前沈阳语文学科中考命题现状

就最近几年的中考命题来看，虽然诗词题不会直接考查批注情况，但是会采用课内与课外诗词对比式命题的考查方式，而课外诗词的内容赏析是学生学习语文的"瓶颈"。通过批注式阅读可以使学生在掌握课内诗词的前提下进行自主迁移应用。

二、具体操作细节

（一）初读感知阶段——"落叶满空山，何处寻行迹"

这句话出自韦应物《寄全椒山中道士》。这一阶段的学习重点在于"满"字，学生通过自主预习，从整体上感知古诗词的大意，并通过批注，实现语文书由"空"到"满"，学生对于诗词的认识由"无"到"有"的过程。是诗词阅读最基础的阶段，但这一阶段学生的预习过程呈现出机械、死板的特点，对于如何"寻行迹"的方法，学生尚不能自发地领悟、感受诗词的精神。

1. 摘记式批注

摘记式批注是通过查阅资料记录诗词的基本内容的方法。学生边写边摘，边查边记，弄懂基本的诗词信息。

适用篇目：初中所有诗词作品。

2. 提要式批注

提要式批注是指在古诗词阅读中查找关键词、大意，在此基础上进行诗词的初步翻译。

适用篇目：咏物诗、写景诗居多。如《赤壁》《次北固山下》《望岳》《钱塘湖春行》《野望》《山中杂诗》《竹里馆》等。

3. 质疑式批注

质疑式批注是指在初步理解内容的基础上，在句子旁标出疑问。

适用篇目：哲理诗居多。如《游山西村》《龟虽寿》《过松源晨炊漆公店》《登飞来峰》《酬乐天初逢扬州席上见赠》等。

总之，这一阶段的阅读批注，不求深入；每首诗歌的批注方法，也不局限于一种，目的是激发学生自主诗词赏析的兴趣、养成良好的阅读批注习惯。

（二）精读赏析阶段——"空山无人，水流花开"

出自苏曼殊《东居》"空山流水无人迹"。这一阶段"空"，看似空无，其实是"看山不是山，看水不是水"的更高境界，人与境冥然契合了，不同于上一阶段有目的的"寻"。在此阶段学生对于诗词的探究，已经不再是刻板地关注一些基本的问题，而是进入到"水流花开"自成一独立世界。这一阶段主要采用了以下方法：

1. 解释式批注

对于课堂上自我难以解释的问题，由各小组选派代表，将批注的内容做汇报。针对学生批注的引思问题、疑难问题，指导学生多读相关的内容。

适用篇目：含疑问句、反问句的诗歌居多。如《望岳》《观沧海》《饮酒》等。

2. 对比式批注

对比式批注是古诗词阅读的重要方法，即以对比的方式，结合以往所学或诗词内部前后之间的对比，对诗词进行批注式阅读。

适用篇目：咏史诗居多。如《登幽州台歌》《秋词》《贾生》《己亥杂诗》《十五从军征》等。

3. 联想式批注

即由已学习过的诗词意象联想到其他诗词中出现的相同意象。让学生能够由此及彼，闻一知十，将课内知识迁移到课外。

适用篇目：有常见意象的抒情诗居多。如《夜上受降城闻笛》《峨眉山月歌》《江南逢李龟年》《春望》《相见欢》《饮酒》《夜雨寄北》《水调歌头》等。

总之，第二阶段更多的体现在教师在课堂上对于学生古诗词赏析的引导，训练思维。

（三）拓展迁移阶段——"万古长空，一朝风月"

出自佛教禅宗史书《五灯会元》。这一阶段的"空"是融会贯通的最高境界，是超脱于外物的"看山还是山，看水还是水"，是凌驾于一首诗歌之上的一类诗歌方法的领悟。

拓展迁移阶段主要采用感悟式批注，鼓励学生由课内诗词阅读延伸到课外诗词阅读，由书上空白处进行批注延伸到在诗词感悟集上进行自我感受的倾诉。

如陆游的词《十一月四日风雨大作》有一句："夜阑卧听风吹雨，铁马冰河入梦来。"具有丰富的内涵和深刻的哲理，读完之后学生充分地发挥自己的思维对于一些既有观点或网络文化进行辩证的思考、反思。

适用篇目：初中所有诗词作品。

总之，第三阶段针对课后对于古诗词的消化，尝试将批注与写作更好地结合，把一句话的感悟积累成文，从而进行拓展延伸的研究。通过批注式阅读教学的实践，能够摸索出一条适应新课程背景下适应本班学生的古诗词批注式阅读的方法。

三、实际效应

（一）学生的批注能力提高了

对于学生来说，通过批注式阅读教学的实践，学生养成了良好的阅读习惯，养成自主、探究、合作的阅读品质，提高了阅读兴趣和阅读能力，进而提高了学生的诗词素养。

（二）极大促进了教师专业发展

对于教师来说，通过对批注式阅读教学的研究，更好地探索和认识新课程背景下古诗词批注式阅读的意义、作用，提高了自身专业素养和研究水平。

初中语文"生活"作文教学策略

◎孙毅卓

一、实践背景

教育部 2022 年颁布的《义务教育语文课程标准》针对作文教学，首先提出要"感知生活"。由此看来"生活"作文教学思想变得尤为重要。这里提到的"生活"作文思想主要指的是，叶圣陶先生所提出的作文注重实用性的思想，在初中阶段只要求作生活所需要的普通文章，进而提高学生的作文水平，培养学生真实作文的能力。

通过教学实践发现，初中学段，在作文方面仍存在着诸多问题：学生对于作文存在认识上的偏差，对于作文存在畏难情绪。而随着网络通信及 AI 技术发展，学生习惯借鉴他人文章，甚至抄袭。

二、具体操作

（一）"生活"作文教学思想日常教学策略

结合新课标以及初中作文教学实际情况，生发出"生活"作文教学思想，在日常教学中，包含以下几个方面策略：

1.诚实叙写"生活"——以"生活"为源

日记教学法：引导学生写日记，训练观察力，培养创造意识，达到积累素材的作用。

头脑风暴法：开设"生活"分享会，挖掘故事，鼓励学生补充细节，实现材料共享。

阅读积累法：引导学生在阅读过程中，体验不同人的"生活"，积累"生活"材料。

2.准确表达"生活"——为"生活"增色

（1）组织材料

思维导图法：围绕所要表达的中心思想，整理布局"生活"素材，绘制思维导图。

要素归纳法：以记叙文六要素为纲，将所想记叙的内容进行归纳整理，设计详略。

（2）准确表达

美句仿写法：课内教学结束后，选取优美语句交由学生仿写。

同物异修法：借由一个事物，引导学生进行微作文创作，旨在利用修辞，描摹好一物。

（二）"生活"作文教学思想专题教学策略

1.构建"生活"作文教学体系

部编语文教材七至九年级共计6本教材，33个单元涉及作文教学，体量庞大。因此在"生活"作文教学的实施过程中,我们将专题教学活动锁定在"材料选择,结构设计,语言表达,文章修改"四个部分。

2."生活"作文教学实施策略

(1)笔下有"料"——材料选择

情感牵引法:以情感为引导,牵引出相关的事件。引导学生选取任意一天,说说自己印象深刻的事情。

条件筛选法:当材料丰富起来,引导学生以"熟、小、新、深"为方向进行筛选。

解字审题法:例如在七年级上册第二单元要求作"那一次,我真____"。"那一次"写发生在过去的一件事。"我"即亲身经历。"真"突出触动之大。补充的内容,就是自己对这件事的感受与受到的触动。

主题选材法:明确立意后,围绕着主题进行选材,教师可以提供一些学生生活中常态化的类型材料,以供学生选择,或进一步开启学生的记忆大门。

(2)笔下有"路"——结构设计

要素梳理法:"记叙文六要素"是讲清楚一件事的基础,采用表格的形式进行梳理。

详略处理法:作文想要凸显主题,必须有所取舍。

曲折反转法:想要把事件写得有意思,需要在行文中设计曲折和反转。

(3)笔下有"情"——语言表达

细化动情点:抓住"动情点"即牵动情愫的人、事、物,运用细节描写,细化镜头,将动作、神态加以细微的修饰和叙写,准确表现"动情点"。

渲染动情点:环境描写可以渲染气氛,烘托心情,在场景的变化中,带动情感的变化。

修饰动情点：借由修辞，将难以体会的抽象情感具体化，使读者感同身受。

扩写练习法：引导学生尝试将梳理的要素进行整合与扩写，细化动情点。

学用链接法：通过以上方法的学习，学生应该形成一个较为细致的作文框架，在框架的基础上再填充内容就会相对简单一些了。

（4）笔下生"花"——文章修改

学生"读改法"：引导学生念作文，找到自己出现表达错误以及语言不通顺的地方，同时对于自己的思想表达的情况也有一定的把握。

教师"面批法"：当面批改，遇到问题立即修改，在有疑义的地方停下来，先了解学生的作文初衷，而后用问答的方式引导学生找到正确的方向。

教师"卷批法"：批改后要跟进修改结果。以作业的形式，让学生在阅读教师批语、查看教师批注的基础上，真正的完成作文的修改。

三、实际效应

"生活"作文的教学，不断引导学生在生活中作文，写生活中的见闻，写生活中的感悟，写生活中的真情，与新课标对初中学生作文教学所提出的要求不谋而合。

根据跟踪不同层次学生的作文水平变化可知，"生活"作文教学思想符合初中学生作文教学需要，并且能够培养学生记录生活的作文习惯，消除学生作文的畏难情绪，提高学生的作文水平。

教学方面，由依靠背文章、改编文章进行讲解，转变为带领学生研究选材，寻找切入点，寻找生活中的感受与感悟。"生活"作文教学既改善了学生的作文效果，更提高了教师的工作效率。

四、经验应用价值

树立好"生活"作文教学理念，并不断在教学中渗透与践行这一思想，不仅能够为初中学生打好作文的基础，更能指导学生在真实作文的基础上刻画精彩的"生活"瞬间，提炼"生活"感悟，进而写出情感真挚且有深度的"生活"作文。

经过系统的"生活"作文教学，可以培养学生记录生活的习惯，同时消除学生对于作文的误解与恐惧。真正实现作文素材的积累，抒发自己的真情实感，为命题作文及考场作文储备资料。

"预测性导读"在英语阅读教学中的应用

◎王　哲

一、实践背景

（一）当前英语教育形势

国家制定了新的英语课程标准，要求英语课堂由主要给学生灌输硬性知识到逐渐培养学生的独立思考的能力，这对培养学生英语自主学习能力提出了更高的要求。阅读课是英语教学的重要课型之一，也是学生对整个单元学习内容进行了解的首要窗口。作为学生英语学习最主要的依托，教材的作用是不可忽视的。英语课程标准指出，合理利用开发课程资源是英语课程实施的重要组成部分，英语教材是英语课程资源的核心部分，是实施教育最主要的资源，因此充分挖掘教材使用教材显得尤为重要。

（二）概念的界定

预测性导读在英语教学中也叫作"prediction"，即学生通过观察课文的插图、标题或者是文章的关键词，对文章的内容进行猜测，比如故事发生的时间、地点、人物以及通过教师的引导，猜测文章的中心思想。因此在正式学习文章之前对文章的整体脉络有一个基本的了解。

二、具体操作方法

通过问卷调查发现学生对"预测性导读"的了解不够。学生很少在阅读文章之前详细观察书中的插图和关键词等信息，也不会特别关注课文段落的首尾句或者找到主题句来推测文章的主题。因此"预测性导读"对于提升学生的文本理解能力是很有帮助的。

基于教材内容，现提出以下预测性导读具体操作方法。

方法一：学生可以通过观察图片来预测文本内容

七年级上册 U1 Reading Anna's blog 这篇课文，可以通过孩子观察三幅图片来预测 Anna 在这篇博客里会介绍的内容。

T：Who is the girl？ What does she look like？

S：The girl is Anna. She has long blond hair.

T：What is this blog about？

S：It's about Anna's family and her school.

T：How do you know that？

S：The first picture is a family picture. There are five people in her family，her parents and her brothers.

T：How do you know that？

S：The title is about my school and my hobbies.From the picture, we can know it is a school building.

七年级下册 U7 Reading 中的插图是非常适合预测性导读的。主题是诗歌，较难理解，因此可以引导学生从两幅图片入手。教师可提出以下问题帮助学生进行预测性导读：

（1）Look at this picture. Can you guess the old man's job ? What may other people do ?

（2）How does the old man feel ? What about others ? How do you know that ?

（3）Maybe the old man is poorer than others but why is he happier than others ?

（4）Can you guess the theme of the poem ?

方法二：根据课文中的小标题判断大意

七年级上册 U1 的 Reading 篇目给出了两个小标题，分别是"About me"和"About my school and my hobbies"，这对于刚上初中的学生来说是一个理解文本的直观方式。通过抓住关键词来猜测课文内容。老师可以在此基础上进行拓展，引导学生预测每个主题下分别会进行怎样的描述。比如关于 Anna 自己，可以对照图片找到一些形容词来描述。

方法三：课文的标题

七年级上册 U2 Reading 给出了几幅图片，但是单纯凭借图片很难猜测出课文内容。因此标题"A day at school"可以辅助学生理解文本的主要内容。当学生知道文本是描述学校生活的时候，可以针对每幅图片进行更具体的理解。比如第一幅图片是在上地理课，第二幅图片可能是课间活动，第三幅图片可能是音乐课或者是课外活动。因此课文标题对于学生理解课文内容是至关重要的，与图片结合起来会帮助学生更高效地进行课前预测。

方法四：根据段首句来预测课文内容

七年级上册 U3 Protect the Earth 这篇课文中每一段都有一句主题句，比如第一段：The Earth is a beautiful place. 教师可以向学生提问：Why does the author think the Earth is beautiful ? 引导学生回答：What's on Earth ? 因此学生可以根据第一句话来预测下文可能涉及的内容。之后每段的主旨句：There are many different plants ; There are also many people like you and me on Earth ; Today, there is a lot of pollution. 这些段首句可以直观地帮助学生了解

各段内容。因此在阅读教学中，应该引导学生关注每一段的段首句，预测段落内容。

三、实际效应

通过图片、关键词和关键句的帮助，学生的阅读兴趣被激发出来，能够更加积极地进行阅读，与作者产生共鸣，从而提高阅读理解能力。通过预测性导读，学生在课堂上更加主动。通过预测，学生可以从整体上把握文章的内容。

预测性导读也为教师的阅读教学提供了建议。为了更好地应用"预测性导读"技巧，教师应该对学生对某一主题的了解程度做到心中有数。同时教师也要提醒学生预测性导读并不是随意地进行猜想，而是应该基于图片、关键词、关键句的提示来进行。为了让"预测性导读"更有效，教师应该提前深入挖掘文本，设置合理的"预测性导读"活动。这些活动应该紧密联系学生生活实际，引起共鸣，同时具有发散性，引导学生动脑思考。

不是所有的文本都适合进行"预测性导读"，因此教师应该对英语教材进行深入理解和挖掘，找出最适合进行"预测性导读"的文章，这样才能达到事半功倍的效果。

四、经验应用价值

"预测性导读"不管是对于英语教师还是对学生来说都是很重要的一种阅读技巧。学生能够在应用这一技巧的过程中更加关注文章的内容，从整体上把握文章的主题，而不是碎片化的知识拼凑在一起的文本。经过不断的练习，学生会养成良好的阅读习惯，比如对文本关键词、关键句做出标记，理解文章内容。对于教师来说，"预测性导读"既能够帮助教师高效引导学生研读文本，但同时也是挑战。教师必须精心挑选适合应用"预测性导读"的题材，并根据不同题材设计出不同的导读活动，帮助学生更有效地运用"预测性导读"技巧。

初中数学开放题"审定做顾"教学法

◎杨佳兴

一、实践背景

（一）国家方案要求

《加快推进教育现代化实施方案》中提出：要推进基础教育的巩固提高，实现更高水平、更有质量的教育普及。国家对基础教育十分重视，数学作为一门基础学科，数学能力的培养显得尤为重要。数学题的教学是数学课堂中不可或缺的一部分，因此，提高教学效率，教师有方法的教学，学生高效解题显得至关重要。

（二）中学生开放题解题相关现状

1. 学习主观能动性较差

2. 没有形成系统的解题方法

（三）初中数学开放题教学现状

1. 讲课方式传统

2. 对学生方面偶尔缺少互动

3. 教师新方法的学习热情还需提高

二、具体操作细节

"审定做顾"教学法是根据学生的思维过程详细制定的一套解题系统，主要针对初中数学开放题而设计的在解题前、解题中、解题后开展的深度训练方法，是一套相对完善的解题系统，教师将数学问题的解答过程分解为理解、分析、操作、回顾的过程。

在解题教学过程中主要按照以下步骤进行：

（以《平行线的性质》为例）

问题：已知两条平行直线被第三条直线所截，能得到什么？

（一）解题前，审清问题拨迷雾

解题前，主要进行审题，通过问题串的形式充分理解题目，即审类型，审表面，审深层，审整体。

1. 审类型

是几何？代数？还是综合？

这是一道几何的结论开放型问题。

2. 审表面

已知是什么？两条平行直线被第三条直线所截

未知是什么？结论

哪部分是开放的？不同角度推出多个结论。

解题关键：联系已知，联想平行线的判定。

3. 审深层

有没有见过类似的题目？涉及的知识点是什么？题中有没有隐藏信息？

两条直线被第三条直线所截和两条平行直线被第三条直线所截的区别

和联系，借此提示一些隐藏信息。

相关知识点：平行线的判定。

4.审整体

整体把控题目内容，做到心中有数。

审清问题是进行解题的第一阶段，即准备阶段，要表征题目。

（二）解题中，定下方案茅塞开

主要是拟定解题方案，包括定初步思路，定等价变形，定辅助条件，定整体方案。

1.定初步思路

给出的已知条件一般能得出什么结论？在变化的因素中能不能找到不变的规律？

什么知识点和两直线平行相关？一条直线被截有什么结论？两条呢？由两直线变为特殊的位置关系即平行，相应的"三线八角"是否有特殊的关系？

2.定等价变形

确定和已知相比有没有等价的或者类似的问题？同类型的问题的解法又是什么？将抽象、复杂、陌生的问题变得具体、容易、熟悉。

和原题相关的变形有哪些？例如平行线的判定和所求平行线的性质已知和结论是互逆的，是否由所学的平行线的判定类似的得出平行线的性质？

3.定辅助条件

如果看题之后仍然没有思路，思考一下是否需要增加辅助条件，例如几何中常用的一些辅助线，倍长中线、截长补短，等等。

本题需要添加辅助线等辅助条件吗？如果没有，此步可省。

4.定整体方案

从整体的角度思考问题，再次复盘，多方面思考。

"拟定方案"是解题的核心步骤，开放题灵活性强，要在不断的变化中找到不变的因素，辅助解题，并借助自己的旧知和认知结构，形成初步思路，拟定一套方案。

（三）解题中，做法有序不慌乱

解题中，做法有序不慌乱。也就是说执行方案，这是解题的操作阶段，包括：分类列条做，规范认真做。

1.分类列条做

多个思路分类列条，有条有序，避免漏下结果，保证全面不缺解。

2.规范认真做

代数问题要计算精确。几何问题要求作图认真，标记清晰，细心耐心，书写规范，过程完善。

在理解分析过后，便可按部就班地执行，细心认真就好。

（四）解题后，回顾收获善总结

"回顾"是必不可少却又容易忽略的阶段，检验、总结、思考、讨论、归纳是很重要的，回顾的内容包括答案、过程、方法思路以及同类整体。

1.回顾答案过程

2.回顾方法思路

3.回顾同类整体

回顾过程中需要记录下来收获。不仅是积累了知识，更是掌握了能力和解题技巧方法，为以后解决问题打下基础。

三、实际效应

（一）提升学生的成绩，提高解题能力

通过系统的解题方法的引导，学生逐渐对开放题有抓手，有思路，有方法，并能形成系统的解题方法。

从班级整体角度来看，"审定做顾"教学法吸引学生，增强了学生的学习兴趣，学生经常会进行大胆猜想，善于思考，大多数学生做题思路清晰明确，解题方法规范，新颖的方法启发学生思维，提高了数学成绩。

（二）极大促进教师专业发展

打破以往传统教学，采用创新方法进行教学后，教师起主导作用，引导启发学生学习，提高学生积极性的同时优化教师教学，使教师本身教学能力有所提高，教学过程完整，逐渐地提高自身的能力和水平。

四、实施的经验价值

初中数学开放题"审定做顾"解题教学法在班级内部开展后反响很好，对于教师的教和学生的学都有帮助，因此我在组内"备课"活动中介绍给同组老师，获得同组老师一致好评，推广到各班，因这种方法可以适用于大多数的班级和学生，教师总结，提高教学质量。学生长期使用，可以使学生基本能具备灵活的数学解题思维能力。另外我在外校交流"经验分享会"上发言介绍，也获得了同事的认可。

初中学生英语"三阶八步"写作教学法

◎吴　迪

一、实践背景

（一）新课标要求

《义务教育英语课程标准（2022年版）》对初中写作提出明确要求，学生能够在英语学习活动中，形成语言意识，积累语言经验，能够在语言学习中发展思维，在思维发展中推进语言学习。新课标里对于写作提出了"11+3"要求，考查形式和话题更加灵活多变，同时要求学生运用所学的语言知识灵活辩证地表达自己的观点。新课标更注重学生核心素养的培养。

（二）初中生英语写作现状

学生在面对英语写作时，由于缺少系统写作训练，产生畏难心理；由于语言点掌握不熟练，写作中存在较多汉语思维，词汇句型单一。在教学过程中，教师缺乏相应的写作技巧指导和系统写作教学方法，往往忽视学生在写作过程中出现的问题。新课标的出台，预示着学生在写作练习中增强自我效能感，提高自学能力，为终身学习能力夯实基础。

二、具体操作细节

"三阶八步"写作教学法以学生为中心，有助于积累相关语言知识，改善语篇结构，把握写作细节，提高学生写作能力及英语思维能力。

（一）素材积累感知阶段

写作前，主要针对写作话题进行思维拓展和素材积累，引导学生关注相关话题的写作元素，从而激发学生英语写作欲望。

1. 场景创设——搭建支架

教师需要根据主题，搭建真实场景。头脑风暴导入主题，口头提问或图片视频描述主题，对话讨论搭建语言支架，以积极鼓励性原则、开放性原则和兴趣驱动原则，激活学生头脑中有关主题的先验知识。

2. 篇章解析——以读促写

教师需要在课前寻找一篇紧扣主题难度适宜的文章，遵从启发引导的基本原则，利用阅读的形式促进学生的写作。通过充分解读英语的文本，做好语篇结构分析，锻炼学生的英语表达能力，丰富学生的语料库，帮助学生在接下来的实践阶段有明确的写作思路。

（二）布局谋篇实践阶段

写作中，主要针对写作话题着手写作。以表格的形式，认真审题，理清题目，构思框架，最后扩展成篇。

1. 审题定，方向清

写作训练过程中，学生需要认真审题，教师帮助学生梳理写作要求，引导学生输出正确的写作思路，归纳写作主题和要求，明确主题、体裁、文体、人称和时态。

2. 思维展，框架明

明确要求后，通过思维导图的呈现，教师帮助学生理清思维，构思框架，第一段为主题概述，第二段讨论主题，最后一段进行主题总结。

3. 细节添，文章成

在明确框架之后，学生启用先验知识，即积累的相关话题素材，扩展框架形成文章。学生需要连词成句，变化句式；连句成段，添加连词；连段成篇，补充细节。尤其要注意语篇习作中关键词句的句式变化，确保语篇的衔接和连贯性。

（三）多元反馈协作阶段

写作后，教师选出中等质量习作语篇进行集体修改并引导学生反思，对写作的消极情绪体验转变为积极情绪体验，培养学生英语写作兴趣和自我效能感。

1. 教师助思

教师选出中等质量的典型匿名样本，借助于"教师助思表格"帮助学生有效理解评价策略和侧重点，为接下来学生评价打基础。

2. 互评慎思

学生与学生之间形成互评小组，细心找到作文中的闪光点谨慎点评。教师引导学生注重习作的主题、语言项目、语言结构、语言亮点，有助于学生在写作后将外在的矫正性指示转变为内在的矫正性技能，从而学会写好一篇文章。

3. 自评反思

自我评价更侧重于写作策略和体验感受上的反思。通过自我反思，学生明确自己语言综合运用能力的欠缺之处，帮助学生有意识地培养写作策略，从写作的积极体验中增强学生的自我效能感，从而提升学生语言综合运用能力。

三、实际效应

此教学法环环相扣，提高学生写作能力，充分体现教学的讲授与练习相统一。写作练习符合初中生认知水平时，帮助学生打好写作基础，发挥学生的主观能动性，形成正确的英语思维。

（一）极大推动学生英语写作能力发展

课堂充分体现以学生为主，以教师为辅。此教学法推动学生对相关话题的积累与输出，学生在写作练习初期，教师创设真实场景，提高学生对写作的兴趣。强化练习时学生不断反思修改，找到适合自己的写作方法和策略，形成正确的写作观念，建立终生学习意识，培养核心素养。

（二）极大促进教师专业发展

教师的英语写作教学方法得到改善，关注学生真实写作体验，注重写作过程评价，最大程度上增强学生学习内驱力，促使学生积累写作经验并进行反思。在 2022 版新课标要求下以英语大活动观为基准，教师更注重学生合作学习，平等互评，多元反思，全力投入写一篇好作文。此教学法帮助教师深入研究系统写作教学，同时为了更好地引导学生深入思考，教师需要参看主题相关的资料文章，学科素养会有明显提高。

四、经验应用价值

初中英语"三阶八步"写作教学法，是在不断探索中逐渐形成和完善的，教师在写作教学过程中了解学生写作优劣势，落实 2022 版新课标关于培养学生英语思维意识，立足于学生英语核心素养培养，实现真正意义上的自主写作学习。学生写作前积累素材并学以致用，写作中理清思路，写作后多角度多侧重反思写作积累经验。同时这是一种一举多得的写作教学法，值得各位教师在英语写作课堂中应用和完善。

初中地理教学中"活动"板块之"三型八法"

◎吴卓洋

一、实践背景

（一）新课程标准下学生学习方式的转变

新一轮课程改革强调学生的自主、合作及探究式学习，这要求教师通过活动引导学生参与，从而实现学习方式的转变。活动教学促使学生从被动接受知识转向主动探索，提高了解决问题的能力和对地理学的兴趣，同时培养了地理实践技能与创新思维。

（二）"活动"板块概念解读

在初中地理教材中，"活动"内容贯穿全书，已成为教材正文不可或缺的一部分。这些"活动"部分以醒目的黑色粗体"活动"字样标注，其上下边界以绿色虚线分隔，以区别于课文的常规格式。

（三）目前沈阳地理学科中考现状

近年来的中考命题显示，活动题常以选择题或解答题形式出现。因此，初中地理教材"活动"板块从应试角度看也极为重要，其教学策略的研究有助于提高学生的中考得分能力。

二、具体操作细节

梳理初中地理教材"活动"板块内容，把"活动"板块分成三类，即知识技能型、问题探究型和综合实践型活动。每一类型的"活动"板块分别有各自适宜的教学策略，共探讨了八种教学方法，因而命名为"三型八法"教学策略。

（一）知识技能型活动

知识技能型包括了读图、绘图、填图、读表、绘表、填表、计算等活动，主要是培养学生阅读地理图表，并从中获取信息的能力。对于知识技能型活动，可以采用读画结合法和以图导练法来进行授课。

1.读画结合法

图表分析类活动教师要引起足够的重视，引导学生多重感官并用，使学生形成边读图边画图的习惯，通过画图实现准确的读图。这样能够帮助学生产生直观的认知，快速抓住图中的关键信息，理解图表，找出突破点。比如展现世界地图中的大洲和大洋分布，我们可以利用"一笔绘地图"的方法，结合眼睛观察、手部绘制和大脑思考，以增强对世界地理的理解和记忆。

2.以图导练法

教师提供材料和信息，并用联想法和类比法指导学生绘制示意图。通过对比分析，增强学生对图表的理解，激发多角度思考，从而提高解决复杂地理问题的能力。

（二）问题探究型活动

问题探究型活动经常以图文结合的形式呈现，涉及问题分析、案例讨论等，往往通过问题的引导，提高学生应用知识和提取信息的能力。对于问题探究型活动，可以采用情境创设法、分层差异化教学法和问题链教学法来进行授课。

1. 情境创设法

教学情境是指在课堂教学中，结合教学目标和内容，营造出特定的学习环境，以激发学生的情感反应，促使他们主动地构建学习背景并创造学习活动所需的条件。

2. 分层差异化教学法

由于不同的学习经历、学习环境，学生之间个体差异还是十分明显的，教师必须了解所教班级的学情，知晓班级里不同层次学生的差异，并对"活动"设计做出必要的调整。

3. 问题链教学法

问题链是教师为了达到教学目标，根据学生现有的知识和经验，针对学生在学习过程中可能遇到的疑难，将教材内容转化成为一系列既相对独立又相互联系的问题。

（三）综合实践型活动

综合实践型活动是学生通过实验操作、搜集资料、探讨辩论、调查访问、野外观察等实践活动，对于综合实践型活动，可以采用适宜活动选择法、小组合作方案设计法和多样评价实践反馈法来进行授课。

1. 适宜活动选择法

实践类活动与日常生活息息相关，能够让学生将课堂所学知识运用到实际生活中，从而既锻炼学生的动手能力，又进一步夯实他们的地理知识基础。比如在七年级上册《地球的运动》第15页的"活动"板块：演示地球公转，说明地球公转产生的地理现象这部分可以设计活动。

2. 小组合作方案设计法

小组合作是一种有条理、有组织的学习策略，通过合作与相互帮助的方式来进行学习活动，并提高整体的学习效果。比如在七年级下册《巴西》第89页的"活动"板块：讨论雨林应该开发还是保护，可以进行小组合作。

3. 多样评价实践反馈法

实践结束后，应组织学生将实施过程中的活动记录和结论撰写成活动报告，形成实践成果。对于实践成果，我们可以进行多样评价，有教师对学生的评价以及自评和互评。

三、实际效应

（一）学生的变化

学生对地理的兴趣显著提高，能够独立完成学习任务，积极参与"活动"板块，掌握知识内容的能力大幅提升。

（二）教师的变化

青年地理教师通过科研学习了教育与心理学知识，理解和把握教材内容与课程标准有所提升。教学策略的探讨帮助解决了实际教学中的问题，并养成了多思考、多反思的习惯，提升了教学与科研能力。

四、经验应用价值

初中地理教学中的"三型八法"策略是通过实践总结而来，能有效改善现阶段"活动"板块教学中的问题，并在中考中显著提高应试能力。希望更多教师能够在地理课堂教学中应用和完善这些策略，提升教学效果。

初中物理实验器材生活化"三类三法"教学策略

◎于心悦

一、实践背景

《义务教育物理课程标准（2022年版）》强调，教学应紧密联系学生的日常生活。倡导教师和学生利用周围的物品、工具和材料等。生活化物理实验能给学生早期的物理学习和创新意识打下良好的基础，这些实验比较容易模仿，这就为学生们自己动手做实验提供了必要的前提。

二、具体操作细节

通过教师设计，学生观察，动手制作的方式，来实现对实验器材的生活化研究。教师可以从人体体验、学习物品和废旧材料三方面进行器材的选择。充分挖掘生活中的有用素材，精心设计实验，可利用自制的实验器材完成课本实验内容。让学生动手操作，既深化知识的理解，也能有效提高学生的动手能力和创新意识，使实验教学得到有效开展。

（一）前期准备

1. 对初中物理课本中的实验进行梳理

对人教版初中物理课本中所采用的物理实验进行了整理。实验中使用的专用设备可以用日常用品来代替，不影响实验效果尽量替换。在知识点讲解过程中，除了生活实例外，可以用生活化器材补充扩展。

2. 进行让学生用生活中的物品做物理实验的研究

按照每次实验的目标，收集合适的生活用品，对收集来的东西进行处理和修改。通过新奇有趣的生活小实验激发他们的好奇心和求知欲望；同时以生活中的材料制作实验教具，完成知识探究获得过程。在知识学习后让学生利用家里的生活物品和现象解释有关物理知识，并以生活中常见的材料，完成进一步的专题实验探究。

（1）人体体验

发展人类感知能力的经验潜力，是把新课程理念转变为教育行为的一个重要根本的途径，是最经济、最实用、最有效的实验方法。在学习《杠杆》的过程中，将杠杆作为身体的载体，对其进行更深层次的理解与转换。

（2）学习用品

在日常生活中，很多东西都是可以用来做实验的。书桌、文具、书籍、纸张等等，都能起到实验作用。这种东西用来做实验有个好处，那就是学生们可以把它们带在身边，不用去单独收集。

（3）废旧材料

我们生活中存在许多废弃物品，利用这些废旧物品进行实验探究活动，不仅可以实现废物再利用，彰显环保意识，同时也能让物理学与日常生活更加贴近。廉价、易得的废旧材料在日常生活中都有诸多用途。简单收集或改装一下，就可以把它们变成对物理实验有用的器材。

（二）课堂实施

实验是打破教学重点和难点的一种重要的教学方式，特别是在物理教学中，有些比较抽象、难懂的物理知识，如果能够利用学生周围的资源，以实验的方式，将会使困难变容易，成功突破教学重难点。

1.自制实验器材，完成课本实验

中学物理实验对于物理设备的精确性没有那么高的要求，所以我们可以引导学生根据身边的事物，进行适当的改装，把它们转化成所需要的器材。在此过程中，学生既能了解实验器材的工作原理，又能完成教科书上的模拟实验。

2.利用生活物品，替换演示实验

中学物理教科书上的实验，有些实验是需要特殊器材的，学生们在课后再做一次，不仅难度大，而且还会带来安全问题。在这种情况下，我们要对生活中常见的东西进行合理的选择，对原来的实验进行新的设计，并将原来的实验进行替换，这样也能实现实验的探索效果。

3.设计生活情景，融合物理实验

物理是从生活中衍生出来的，中学物理教材中的许多知识，都可以在生活中找到，并加以应用。如果在教学中，能够设计出一个合适的生活情景，把物理实验与生活结合起来，既可以培养学生们的探索兴趣，又可以促进他们掌握所学的知识，并且能够运用到实际当中去。

三、实际效应

（一）学生的课堂表现

在使用生活化器材的实验教学中，与传统的教学过程相比，学生的参与度有了很大的提升，大部分的同学都能集中精力于教学内容，上课时走神的情况也有所减少，在课堂上更具主动性。在课堂上，学生们不仅能主动地参加，而且还形成了良好的思考习惯，能将所学的知识运用到实际问题中去。

（二）学生的学习态度与方法

用生活化的器材进行的物理演示实验来激发学生们的好奇心，他们对物理知识的接受和理解能力就会越来越强，认识到物理课程的重要性，增强他们对科学知识的了解和热爱。学生在实验设备和实验操作中，能够很好地锻炼他们的动手能力，使每个学生都能在实践中碰到各种问题，从而培养其创新精神和创新能力。

（三）教师的专业发展

在对生活化器材进行探索的过程中，还可以培养教师积极尝试、积极突破的良好教学习惯。在教学理念上进行改进，以探寻更加高效的教学方法，持续地推进自己的教育教学能力，在设计和执行的过程中会促进自己的专业化发展，进而提升物理的教学质量。

四、经验应用价值

使用生活中的材料，开展实验教学，让学生对知识的理解更加形象、深刻，让他们对知识的原理和方法有更好的掌握。在中学物理实验教学中，通过对生活素材的探索，可以有效地提高学生的创新精神和实际应用能力。在物理实验中，如果能合理、有效地使用生活材料，将会推动物理课程的教学工作，为学生提供更加新颖、更加有效的教学方法。

初中文言文"猜校悟"三步读法策略

◎赵　楠

一、实践背景

（一）党和国家的高度重视引起传统文化热

《完善中华优秀传统文化教育指导纲要》中明确指出，语文教科书应更加强调古代诗文教学并加大古代诗文的比例。习近平总书记强调，应该把经典嵌在学生的脑子里，成为中华民族的文化基因。编入教科书的文言文正是中华优秀传统文化的精华和代表。

（二）语文课程标准提出明确要求

《义务教育语文课程标准（2022年版）》提出文言文学习的目标："阅读浅易文言文，能够借助注释或工具书理解其基本内容。"并建议学生"联系上下文或积累"，进行推理想象，从而理解"词句的意思，体会表达效果"。其中，"上下文和积累"即学生的"已知"，"词句意思、表达效果"即"未知"，"推理想象"即"猜读"。

（三）目前初中文言文教学的现状和弊端

目前文言文阅读教学中常用的"串讲法"中学生记忆是被动且消极的，积弊重重，亟须改进。本法充分发挥学生的猜读能力、主动学习能力和感受能力，让学生学习文言文饶有兴趣、扎实有效。

二、具体操作细节

本研究界定的文言文教学三步读法是一种以"猜"为驱动，以"初步猜读—精准校读—整理悟读"为三步中心环节的文言文阅读方法。该方法要求学生在不阅读教材注释，也不查阅工具书的前提下直接阅读文言文，结合上下文去猜读；第二步是结合注释，借阅工具书，校对猜读结果，解决疑难，更正错误；第三步经过悟读深入理解文本，获得新知识。

（一）初步猜读

1.学生猜读全文

预习时学生不查看预习提示和书下注解，默读全文，如遇疑难，可以根据上下文进行合理猜测。猜读可以有以下重点内容：一是从题目入手，猜读文章梗概。二是从关键词重点句入手，把握文本内容。三是对整篇文章的写作思路进行猜读。

2.教师摸底排查

教师通过提问了解学生猜读情况。可以就内容理解进行提问，也可以对理解文本至关重要的关键词句进行提问，以此来帮助学生检验猜读的效果。

（二）精准校读

1.学生精准校读

校读由四个环环相扣的环节构成，即查阅—比照—校正—确认，称为"四连环"。查阅权威资料，比照猜释，校正错误解读，确认准确解说。

2. 教师择要点拨

择要点拨是从学情出发,一是对新增的知识点加以强调;二是结合所学,关联新旧知识点;三是对学生不能"自觉"的语法现象进行点拨,如虚词的运用。相比于一开始就"灌输式教学",此时择要点拨的效果要好得多。

(三)整理悟读

1. 学生悟读提升

在此环节,学生应探究作者"为什么要这样写"的问题,通过文字表层,研磨文本的深刻含义和隐含信息,获得新感悟,对文言文阅读的理解更上一层楼,达到读者与作者的共情交融。此外,悟读还可以以文言文的线索与结构为抓手,弄清写作思想。悟读的整个过程是语文素养培养的过程,也是学生个性化体验的过程。

2. 教师总结提点

文章的主旨、作者的写作意图、客观的情理以及读者的需要等因素共同决定了一篇文章"为什么要这样写而非那样写",而绝不是作者的任意为之。所以,学生一定要在教师的引导下过好"悟读关"。

三、实际效应

(一)学生的语文学习能力得以增强

运用"猜校悟"三步读法进行教学的最大的优势是它充满挑战,极大地调动学生对文言文学习的兴趣。兴趣是最好的老师,学生愿意去主动研究语文教材,发现问题并解决问题。教师不必在上课时面面俱到,从而节省课堂时间,使课堂效率大大提高。此外,中考文言文题目的选段,通常选自课外古籍名著,注释较少,此时"猜读法"就有了用武之地。

(二)学生的语文核心素养得到切实培养

文言文"猜校悟"三步读法,最大程度地调动了学生对文言文学习的兴趣，提高其语文学习能力的同时，也落实了语文核心素养的培养。

文化自信方面，学生通过学习文言文，能够热爱国家通用语言文字情怀，热爱、继承和弘扬中华优秀传统文化、社会主义先进文化、革命文化等。语言运用方面，学生在丰富多彩的文言文语言实践中，能够达到2022年版新课标中要求的"培养正确且规范地运用语言文字的意识及能力，感受中国古代汉语的丰富意蕴"的要求。思维能力方面，对学生的好奇心、求知欲进行培养，使得学生勇于探索，敢于创新，积极思考。审美创造方面，学生通过理解、感悟、品评文言文，获得多样的审美经验，发现和感受古汉语之美，并用其表现和创造美。

（三）教师教学能力和业务素养得以提高

在研究过程中，我学习了大量相关资料，对现行教材文言文进行资源整合，为自己也为其他一线语文教师提供了一种文言文教学方法。

四、经验应用价值

本研究以文言文三步读法中的猜读法为中心，对"猜、校、悟"三步骤展开细致探索，能打破目前文言文教学实践中惯用的"串讲法"的弊端和桎梏。其一，该读法能完善教师教学，使得教师得到文言文教学方法的新启发；其二，该读法改变了现有初中文言文阅读教学问题，实现文言文阅读课堂的高效率。总之，该读法通过改进单一过时的教学方法，帮助学生快速形成文本思维，使得重难点有效落地。

初中英语任务型词汇教学"三阶四步"教学法

◎高　爽

一、实践背景

　　词汇是学好英语的关键和基础。由于学生学法的单一和教师教法的古板枯燥，学生对词汇学习兴趣不强，欠缺主动性。初中英语任务型词汇教学"三阶四步"教学法颠覆了传统意义的词汇教学形式，以丰富多彩的教学任务为驱动，让学生在活动中学习，会举一反三，培养了学生综合运用英语的能力。

二、具体操作细节

　　初中英语任务型词汇教学"三阶四步"教学法将课程分为"感性认识""深化理解"和"巩固提高"三个阶段，每个阶段围绕"布置任务—准备任务—完成任务—讲评任务"四个步骤逐步展开。在教学应用中主要按照以下的步骤进行：

（一）第一阶段感性认识："初步感知，巧记生词"

1.布置任务："背景激活法"

教师确定教学主题后，及时激活学生相关主题的背景知识，可以通过新旧知识链接，消除学生对新词汇的陌生感和抵触情绪。学生也可以利用互联网查询和搜集相关资料，拓展阅读素材，为学习生词和理解文章内容做好铺垫。

2.准备任务："听说练习法"

教师给全体学生播放词汇录音，保证学生生词语音准确，引导学生掌握字母发音规律，建立正确的音形联系。利用自然拼读法，帮助学生科学且高效地记忆词汇。

3.完成任务："直观教学法"

直观教学法即利用教具作为感官传递物，通过一定的方式、方法向学生展示，学生可以立即说出或想象出词汇，提高学生学习效率。

4.讲评任务："奇妙记忆法"

寻找有特色的词汇记忆规律，旨在提升学生学习兴趣。

例如，利用发音类似法，如单词"tomb"中文发音类似"土墓"；拆分字母理解法，如"bank"拆分成"ban（办）+k（卡）"，可以想象成"在银行办卡"。又如，"自编口诀记忆法"，利用口诀"黑人英雄爱吃土豆西红柿"来记忆以"o"结尾复数形式加"–es"的名词。"奇妙记忆法"为词汇课堂任务的有效性锦上添花。

（二）第二阶段深化理解："归纳整合，发散思维"

1.布置任务："双语释义法"

通过英英互译、英汉互译、翻译句子等形式，使学生加深对词汇的理解和应用，培养学生英语式思维，提升学生语言表达能力。

2.准备任务："词汇归纳法"

词汇归纳法可以让学生接触到丰富的语言实例，从中找出规律并在理解的基础上记住这些结构和规则，这将大大提升词汇学习的效率。

词汇应用归纳法是指学生根据日常英语学习和考试内容，归纳总结出词汇学习要达到发音准确、熟知词性词义、掌握同义表达、词性转换、常见搭配和例句应用等目标。例如，记忆单词"arrive"，学生可以总结如下：单词准确发音 /ə'raɪv/，动词词性，常见搭配有"arrive at/arrive in"，同义表达为"get to/reach"，其名词形式为"arrival"，常见例句"When he arrives，I will call you"。

词汇分类归纳法即学生采用小组合作的形式，根据词汇的基本意思进行归类记忆。例如，学生可以按照人体、动植物、颜色、季节及月份等方面对词汇进行总结分类，便于学生记忆。

3.完成任务："情境教学法"

情境教学法是教师设置情境，使学生真实地参与其中去完成任务。其中阅读语境推测法和例句同义辨析法在应用中有较为突出的效果。阅读语境推测法是学生需要灵活利用背景环境去合理推测词义。例句同义辨析法是在一个例句中将一词多义同时展示出来，学生根据特定语境掌握目标词汇含义，从而加深记忆，理解词汇运用。

4.讲评任务："讨论法"

在讨论法中，教师可以组织学生进行头脑风暴，一起归纳总结学习技巧和方法，得到有利于词汇学习的策略和经验。

（三）第三阶段巩固提高："互动课堂，拓展思维"

1.布置任务："词汇复现法"

通过复述课文和自编故事等形式使学生将学过的词汇进行复习再现，帮助学生感知词义，利于词汇的记忆。

2.准备任务："思维导图法"

思维导图可以帮助学生对文本有直观印象，并在单词间建立联系，极大地提高了课上短时记忆和课后长时记忆的效果。

3.完成任务："趣味游戏法"和"小考测验法"

"趣味游戏法"将词汇教学内容和游戏融在一起，寓教于乐。游戏内容紧扣话题词汇，形式丰富多样，例如，单词接龙、词汇匹配或纵横字谜等形式。"小考测验法"是以小考卷的形式对学生进行词汇测试，多维度、多层面地去考查学生词汇掌握情况。

4.讲评任务："合作教学法"

学生与教师一起总结经验，进行归纳与分析，碰撞出新的智慧火花。

三、实际效应

（一）学生的变化

"三阶四步"词汇教学法以学生为中心、以活动为中心、以任务为中心，学生的自主学习能力、团结合作精神和创新精神得到提升。学生成绩进步显著，树立了学生的学习自信心。

（二）教师的变化

在采用"三阶四步"词汇教学法后，我感受到英语词汇教学的趣味性，提升了我的教学能力。相信在未来的教学中，我的教学质量会有进一步的提升。

四、经验应用价值

初中英语任务型词汇教学"三阶四步"教学法中每一阶段的任务设计都具有一定的导入性，词汇任务的设计由简到繁、由易到难，层层深入。在语言技能方面，遵循先听读、后说写的设计顺序，使初中英语词汇教学阶梯式地层层递进。"三阶四步"教学法满足了当前对于英语词汇教学的诸多要求。

基于图层叠加的初中生心理地图构建实践

◎曹婷婷

地图渗透着丰富的地理思想，心理地图构建契合地理课程理念实施的需求，有助于突破区域地理教学瓶颈，是空间定位能力与综合思维培养的关键。

通过手绘地图和电子绘图的方法将不同要素的地理图层进行叠加整合，有效地储存和记忆各种自然环境和人文地理信息，能有效地训练学生从读图、用图、绘图到进行识图思考，发展学生的空间想象及综合思维能力。

一、操作过程

为将图层叠加与心理地图构建形成映射，首先根据地理区域尺度范围进行图层叠加层级确定，而后进行拆分绘制与实际应用教学。

（一）尺度划分与图层叠加层级确定

依据课标与教材的要求先划分认知区域的尺度。进行图层"拆分"划分区域的尺度是本实施阶段的首要任务。具体尺度划分层级包含了大尺度、中尺度和小尺度三个层级，并对教学对应章节内容进行一一对应。

（二）区域要素"拆分"与叠加

教师根据各尺度确定的"拆分"要素进行具体的"拆分"。大尺度区域"拆分"主要涉及规律类"拆分"，即将全球划块。中尺度与小尺度区域，"拆分"则更加详细，两者的共同特点都是从位置范围开始，其后为自然要素"拆分"：地形地势—气候—河流等；人文地理要素"拆分"：人口与交通、城市—农业—工业—旅游业等，按照不同层级"拆分"。

结合《初中地理课程标准》要求和教学实际，将"拆分"确定的区域地理教学要素进行联系与整合，教师进行图层叠加绘图。

教师图层叠加主要采用电脑绘图的方式，地理要素叠加具体操作方法如下：①用 Global Mapper 将 kmz 数据转换成 shp 数据。②用 ArcGIS 进行地理配准和矢量化，然后导出中国地图和需要叠加的图层。③在希沃白板 5 软件中，对图层进行处理，并设置动画，使每个图层都能进行交互式叠加。

（三）学生内化与整合

本阶段的实践关注学生空间定位能力与地理图文结合能力的培养，在图层叠加的过程中，逐步完成学生心理地图的映射。主要采用的方法有学生绘图法、思维导图整合法、虚拟旅行内化法、课上实践拓展法等。

1.学生绘图与拼图法

本阶段主要采用课余时间让学生手绘地图和学生拼图地理活动等方式，把区域地理知识应用到实践中去，学习对生活有用的地理。学生手绘地图主要是以简绘、添绘与描绘的方式开展，教师也会为学生提供预先画好的轮廓图作为参考。

2.思维导图内化法

让学生针对不同的区域地理学习内容，自主梳理图层脉络，形成思维导图。如在讲解完亚洲一章后，让学生动手画出亚洲的位置范围图，同时描绘亚洲的重要地理事物，并绘制亚洲的思维导图。形成从普通地图到纸上地图，再到区域特征和学生心理地图的映射过程。

3. 虚拟旅行整合法

此外还开展了学生虚拟旅游活动，让学生形成从叠加到构建心理地图的映射。如：教师带领学生展开"走近'一带一路'，共创辉煌世界"主题区域地理整合活动，学生根据教师给出的世界自然地理要素图组和人文要素图组，以小组的方式自己抽取国家，并试着描述这个国家的自然与人文地理特征。

4. 小组实地实践法

就地理教学而言，不单单是学生成绩的提高，更是应该注重对学生思维方式的培养，聚焦区域认知的叠加，目的就是为了让学生更好地去整合。根据前期叠加的教学地图，设计了相关乡土地理实践活动，如："探索浑河奥秘——研究河流水文特征实践活动"。在这一活动中，师生作为图层叠加实际应用的实践者，亲身来到浑河，在不同的考察地点对其水文特征进行考察。

（四）确定"拆分—叠加—内化"实践策略

通过实践探索最终确定了基于图层叠加的初中生心理地图构建策略，即："拆分—叠加—内化"初中生心理地图构建策略。教师根据区域要素展开绘图进行图层叠加，教师将这部分内容先进行串联后，再进行教学设计。利用希沃白板 5 授课软件配套教学，而且针对不同尺度的区域发放各类空白地图，提升学生对于空间的认知。最后学生内化与整合达成心理地图的映射。

二、实际效应

基于图层叠加的初中生心理地图构建实践是一个递进过程，这既符合了地理知识内在逻辑又符合学生的认知规律，同时关注了学生学习的过程和质量。

（一）图层叠加引领学生构建心理地图，兴趣日益浓厚

学生手绘地图并参与地理活动与实践，在地理课堂中学生更具成就感，学习效率也大幅度提升。小组合作探究、自主学习等丰富多样的活动使学生小组合作能力不断增强，形成一种积极向上和谐文明的合作学习氛围，让学生的学习成绩有所提高。

（二）教师专业提升与发展

在实践过程中教师的教学能力和科研能力都有所提升，获得校内与区域地理教学同仁的一致赞许。在科研过程中逐步锻炼自身的科研能力，在省市级各类比赛中收获了多项荣誉。

三、经验应用价值

基于图层叠加的初中生心理地图构建策略，帮助学生扎实地构建丰富的心理地图，提高了学生学习地理的兴趣。图层叠加有助于学生空间定位能力与地理区域认知核心素养的提升，有助于学生综合思维形成与能力的提升，推动了教师专业成长。同时也希望更多教师能够在地理课堂教学中应用和完善这些教学策略。

"非指导性"教学在初中物理习题课中的应用

◎陈璐瑶

一、实践背景

（一）新课标下核心素养的要求

新的初中物理教育标准的核心理念是提升学生的核心素养，包括"物理观念""科学思维""科学探究"和"科学态度与责任"。科学探究旨在引导学生提出问题、形成猜想、制定方案、解释和反思，培养科技创新意识和科学态度。习题课教学应让学生主动学习，发展学习能力、探究能力、解决问题能力和创新精神。

（二）"非指导性"教学概念界定

"非指导性"教育并不意味着无教导，而是隐含式引导，以学生为主体，起源于美国罗杰斯的人本主义心理学及教育理论。其主要特征包括：营造良好的师生互动氛围；教学围绕学生个人和小组目标展开；教师作为推动者，激发学生自主学习的能力。

（三）目前习题课教学的现状

根据对学生和老师的调查，我总结出当前习题课教学存在的问题。发现学生独立思考的意识和能力较差，缺乏与同学之间、与老师之间的交流以及合作学习能力。老师在传统习题课教学中，对习题课教学的重视程度不够，缺乏明确合理的教学目标设计、课前准备和教学反思，习题课教学环境不够和谐、习题课教学方式和评价方式比较单一。

二、具体操作细节

"非指导性"教学是一种以学生发展为中心、问题解决为导向、自主和探究学习为核心的物理习题课教学模式，包括以下五个方面：

（一）教学目标的设定

在"非指导性"习题课教学中，教学目标可以细分为以下四个方面：

1. 知识性目标：理解物理概念和原理；掌握解题方法；培养审题能力。

2. 思维目标：培养批判性思维；培养创造性思维；培养分析解决问题的能力。

3. 能力目标：提高计算能力；培养解题策略；培养团队协作能力。

4. 情感目标：激发学习兴趣；培养积极的学习态度；增强学习自信心。

（二）习题内容选择设计

习题课内容选择应结合教材和考试要求，精选典型习题，帮助学生巩固所学知识，提高解决实际问题的能力。注重习题的层次性和开放性，准备不同难度的练习题来满足不同层次学生的需求，并设计开放性题目，激发学生多角度思考问题。

（三）习题课教学方法设计

按照布卢姆认知目标分类方法，初中物理习题可分为基础题、灵活题、综合题和探究题，其解题方法包括：基础题——筛选题型，概念绘图：选择典型基础题并绘制概念流程图，梳理基础知识；灵活题——一题多解，一题多变：培养学生发散和创造性思维；综合题——分层讲解，错题管理：运用分析法和综合法，整理错题并记录关键点、解析流程和错误原因；探究题——小组讨论，师生合作：通过小组合作探究策略，激发学生学习热情和协作能力。

（四）"非指导性"初中物理习题课教学的开展

在《义务教育物理课程标准（2022 年版）》中，明确提出要让学生学会通过观察、实验、思考、合作交流等方法解决实际问题，培养学生的综合实践能力和创新意识。"非指导性"物理习题课堂的构建流程包括：创设情境、提出问题—合作探索、建立模型—分析问题、提出假设—小组讨论、检验假设—自主分析、归纳总结—深化思考、拓展提升—得出结论、评价激励。

（五）设计明确的"非指导性"习题课教学评价

习题课应尊重学生学习兴趣，注重过程性评价，具体包括：知识理解、应用、掌握程度的评价；学习兴趣、态度、动机和自信心的评价；批判性和创造性思维能力的评价、分析解决问题的能力评价；团队协作能力的评价；利用量表进行自我评价和小组评价；建立分层评价机制，满足不同层次学生需求。

三、实际效应

（一）学生的提升

学生学习物理的兴趣大大提升，课上课下都表现出来很强的物理学习积极性，能出色地完成各项物理学科任务。选取了两个班作为研究对象：实验班和对照班。三个月内三次考试对比，实验班比对照班的成绩有了明显提升，而且对照班全班整体成绩分布比实验班波动更大。

（二）教师的提升

在课题开展过程中，不断学习和提升了自己的专业素养，包括物理学科知识、教育教学理论、实践技能等。通过对现状分析、文献调研以及"非指导性"习题课教学的实施，采用多样化的习题课教学方式，大大提高了自身的教学能力。

（三）教学理念上

由以教师为中心的传统教学理念转变为以学习者为中心的教学理念，采用多样化的教学方法来激发学生的学习兴趣和动力，并培养他们的创新思维和实践能力。

四、经验应用价值

"非指导性"教学是一种以学生为中心的教学方式，它强调学生在学习过程中的主体性，教师作为指导者和促进者，帮助学生发现自己的兴趣和需求，激发他们的学习动力和创造力；通过"非指导性"教学的策略可以帮助学生形成独立思考和解决问题的能力，同时也可以促进他们形成健全的人格；在物理习题课中，这种教学策略的应用可以帮助学生更好地理解和掌握物理知识，提高他们的解题能力和思维水平。同时，这种教学方式也可以为探索新的物理习题课教学模式提供一定的借鉴。

初中数学问题意识培养的教学策略

◎葛晓雨

一、实践背景

（一）发展数学核心素养的必要前提

问题意识作为学生的一项基础性的思维能力，是初中数学教学中重要的教学目标之一，也是数学学科核心素养的重要内容。

（二）突显学生主体地位的重要保证

新课程改革提出要在初中数学课上突出学生的主体地位。培养学生的问题意识能变学生学习的被动为主动，有助于构建师生互动模式，充分调动学生的主观能动性。

（三）提升数学教学效果的有效途径

问题意识的培养有利于问题的提出，问题能巧妙地实现教学过程的推进，有效地满足学生对问题的分析、探究、解答的自主性，进一步提高数学教学与学生学习的效果。

二、具体操作细节

通过"调查了解，分析学情；整体把握，因事制宜；评价反馈，优化策略"，在教学活动中培养学生的问题意识。

（一）调查学生的问题意识，分析学生问题意识的情况

本次调研采用问卷法和观察法从学生的主观感受和客观表现两个角度进行，能弥补学生由于认知水平有限而对自我问题意识感知的偏差。将观察调查与问卷调查的结果进行比对，反映的情况基本一致。

1. 由于思维发展水平的限制，难以理解内容并提出疑问；

2. 课堂节奏紧张；

3. 学生因具有畏惧心理；

4. 忽视了探索知识间关系的重要性和问题意识在数学学习中的作用；

5. 对于部分专门知识，很难从逻辑上解释学生产生的疑惑。

（二）整体把握培养理念与方向，根据具体内容运用策略

在课堂教学中以氛围调控策略、时空留白策略、情境教学策略作为问题意识培养的必要策略。针对教学中有逻辑关联的内容和无明显逻辑关联的专门知识，提出知识建构策略和数学史融入策略来培养学生的问题意识。

1. 氛围调控策略

该策略的提出基于情绪理论在教育和教学中的应用。在课堂教学中，教师营造轻松的课堂氛围，让学生"精神专注、心理轻松"。

2. 时空留白策略

教师不能为了节省时间直接代替学生回答或过度引导，要留给学生一定的思考时间。

对于独立思考后不能独立解决的疑问，要留给学生空间与同伴交流讨论。进一步发展学生的问题意识，同时也是问题意识在课堂教学中的一个

应用。

3. 情境教学策略

新课标中提到的"问题情境化"体现了将问题融入情境中对后续一系列思维活动的重要作用。恰当的情境教学符合学生的认知规律，并易激发起学生的探索欲望，在引起学生兴趣的同时启发学生思考。

4. 知识建构策略

在课堂教学中适当增加建构过程的复盘环节，经过长期的启发、引导、训练，学生逐渐形成知识建构的思维和能力。知识建构不仅是培养学生问题意识的策略，二者能相互作用、相互促进。

5. 数学史融入策略

对于无法从逻辑上进行解释的专门知识，例如数学名词、术语、数学观等，从数学史的角度可以获取思路和答案。学生站在数学家等先人的视角，对问题有全新的认识同时还能够增强学生的自我认同感。

（三）从多元评价反馈的角度，提供策略优化方向

1. 问卷调查

便于与培养前的调查结果进行对比，检验培养效果。

2. 向老师提问情况

学生的提问为教师提供了更多的信息，反馈出学生知识掌握的弱点、易错点和盲区，为教师进一步提高学生的问题意识与其他的思维能力提供策略优化的方向。

3. 学生之间讨论问题情况

以周为单位统计学生之间讨论问题的次数，并与培养前的讨论情况进行比较。

三、实际效应

（一）学生问题意识的提升和思维的发展

经过两个多月的培养，对所教授班级的全体学生再次进行调查。

1. 学生的主观角度对所学知识产生疑问的情况对比

对所学知识产生疑问的学生由 35% 增加至 85%。

2. 客观角度学生问老师问题的人数对比

由每周有两名学生向老师提问增加到每周 13 人，说明策略的方向和具体的运用得当，学生能产生问题并会向老师寻求帮助。

3. 问题的质量对比

培养前后学生提出的问题的变化为：从空洞到具体、从浅显的表象问题到深入的逻辑问题、从被提问时产生的疑问到主动发现问题。

4. 学生之间讨论问题次数对比

由每周的 5 次讨论增加到每周 20 次讨论，讨论问题日趋常见。

（二）教师教学能力的提升和课堂效率的提高

在培养学生问题意识的过程中，针对不同教学内容和具有不同程度问题意识的学生，我设计相应的教学环节和思路，丰富了自己的教学模式和方法，也深化了对教学内容的认识和理解。

通过对学生问题意识的培养，有效地调动学生的思维和学习的主观能动性，推动数学教学活动的进行，提高了课堂的教学效率和数学教学效果。

四、经验应用价值

（一）操作性强

教师对教学环节和内容的精心安排能有效地帮助学生建立对数学知识产生疑问的思路。

（二）教学相长

学生提出的问题能使教师明确学生对所学知识的掌握情况和思维状况，教师根据反馈能不断调整教学策略，完善教学方法，达到更好的教学效果。

（三）推广性高

教师有意识地在日常教学中培养学生的问题意识，能结合自身的优势和经验在教学活动中开展，并能得到各具特色的成果以供教师和学生们学习。

初中道德与法治议题式教学策略

◎孔　智

随着 2022 年教育部新课标的推行，当今初中教育的主流趋势是培养中学生的核心素养。为了培养中学生的核心素养，议题式教学则成为实现该趋势的重要途径。

一、具体操作细节

初中道德与法治议题式教学的设计策略——"浅入深出"四步设计法：

"浅"即细化分解、浅显易懂：将宏大抽象的总议题进行拆分细化，用学生看得懂的方式表达出来；

"入"即导入议题、情境交融：用问题、情境、案例等生动形象的教学资源导入议题；

"深"即深研议题、逆向创设：由学科素养目标出发，找到线索，确认路径；

"出"即走出议题、回归元点：实现知识、能力、素养目标的落地。

实施过程如下：

（一）梳理议题式题目的类型和特点

议题的选择是议题式教学的第一粒纽扣，扣得好不好直接关系到议题式教学的整体效果。在教学实践中，我总结了议题确立的三个主要来源：

1. 依据新课标，在"核心素养"栏中共为 4 个模块设置了 22 个主要议题，这些主议题都是与学科概念、学科素养紧密联系在一起的，是学生们"值得议"的议题。

2. 从学生与生活的交汇处入手，发掘生活中的典型话题改编为教学议题，这一类议题由于就在学生的生活中存在，是学生们"渴望议"的议题。

3. 聚焦中考，研磨真题，关注学生的"最近发展区"，既能提升学生们的学科成绩，又能培养学生的思维能力，是学生们"合理议"（或者"高效议"）的议题。

（二）"浅入深出"四步教学策略

在教学实践与研究中，根据议题的特点和学生们的认知水平，我运用了"浅入深出"四步教学策略，具体操作如下：

浅——细化议题、浅显易懂

课标精选出来的议题式，符合学生的认知水平和能力现状。这样会达到很好的效果。具体细化分解的方法如下：

1. 逻辑三问法

逻辑三问即是什么—为什么—怎么做（怎么样），例如"踏上强国之路"这一框题：我设计的主议题为"伟大的改革开放"，并分解为三个子议题：

（1）改革开放取得了哪些成绩？

（2）我国为什么要坚持改革开放？

（3）如何坚持全面深化改革？

2. 逐层剖析法

即遵循从现象到本质，从特殊到一般，从感性到理性的思维过程，由表及里、去伪存真，循序渐进地得出正确的结论。

入——导入议题、情境交融

情境是议题式教学的载体，承载着议题活动展开和学科素养构建的任务。具体方法为：

1. 问题直入法——问题情境

有些子议题本身就是问题，或是议题本身比较简单，这样就可以单刀直入，直观、明了，迅速抓住学生的注意力。

2. 情境带入法——生活情境

生活情境能激发学生所乐、触发学生所想、引发学生所思。同样在《民法典》的教学设计中可以设计如下情境：

议（问）题情境

《民法典》会带来哪些影响？　　　　　　《民法典》简介

《民法典》为何今年能行？　　　　　　　《民法典》产生

强制弹窗广告是否属于侵犯隐私权？　　　《民法典》条款

《民法典》如何进校园？　　　　　　　　《民法典》宣传

3. 案例引入法——事实情境

在如今的教学中，以案例为探究文本的做法受到了广大师生的喜爱。例如在《走进法治天地》七年级下册第四单元中使用案例引入议题既能起到很好的教学效果，又有利于帮助学生解决实际问题。

深——深研议题、逆向创设

议题的创设是针对已选议题进行实施路径的设计，是保证议题式教学效果得以实现的基础。例如：在"如何建设法治政府"这一子议题中，"改善民生"是这一议题所指向的素养目标。为了实现这一素养目标，找到评估的方式是说理及事实论证，以此创设的情境及学生活动是走访调查、合作商议、展示分享。

通过逆向创设，能够最大限度地避免议题生成的不确定性，将抽象的学科素养目标转化为切实可行的任务活动，使学生在实践中逐步产生价值认同。

出——走出议题、回归元点

议题式教学的教学元点有"原"和"元"两个内涵："原"点是指传统课堂教学所侧重书本知识的传授，指导学生掌握书本知识；"元"点则更具启发意义，是指以书本知识为认知起点，引导学生运用更具科学性的方法和眼光看待现实问题，实现正向积极的价值引领。具体方法为：

1.议题讨论：回归教学元点

2.议题辨析：关注知识迁移

3.议题决策：解决实际问题

二、实际效应

（一）学生的变化

提升了学生议题式学习的兴趣，在学习的过程中，分析问题和解决问题的能力有很大提高，议题式试题的得分率逐渐提升。

（二）教师的变化

在沉淀经验的过程中，我阅读了大量的专业资料，深入研究了新课程标准和新教材，对初中政治议题式教学有了深入的理解和思考，梳理了议题式课堂教学的设计和流程，并应用到教学实践中，总结了四步策略，在校内进行经验分享，得到很好的反馈。

三、经验应用价值

初中道德与法治学科议题式教学法，对于教师的教和学生的学都有帮助，这种方法可以适用于大多数的班级和学生，教师长期使用议题式教学，不仅落实了新一轮课程改革所要求的自主学习、合作学习和探究学习，同时也符合新课程改革，使学生在议题活动中不断思考。

因而对于中考应试的帮助也十分显著。初中道德与法治议题式教学策略是具有实际效益的，希望更多教师能够在课堂教学中应用和完善这些教学策略。

初中语文"双构一展全评价"微项目化教学策略

◎刘　欢

一、实践背景

（一）教育综合改革的必然要求

《国家中长期教育改革和发展规划纲要（2010—2020 年）》中提到："倡导启发式、探究式、讨论式、参与式教学"，这是深化课程教学改革的重要动向。

（二）新课标的内在要求

《义务教育语文课程标准（2022 年版）》强调，创设丰富多样的学习情境，设计富有挑战性的学习任务，促进学生自主、合作、探究学习。相较于传统语文教学，当前的课程标准与教材编排力求与学生生活密切相关，既注重激发学习兴趣，也强调对核心素养的培养。

（三）当前初中语文"阅读"与"活动·探究"板块教学现状

目前的语文教学中，一线教师往往忽略不同单元、文体及板块之间的区别，大多采用单一讲授法为主的教学模式，学生很难对所学内容产生深度思考并应用于鲜活的语文实践中。

二、具体操作细节

结合项目化教学理论及语文教学实际，梳理出初中语文教材中三种适合开展微项目化学习的板块："活动·探究"、名著阅读及古诗文阅读板块。在这三种板块的教学中运用本策略，步骤如下：

（一）构建真实情境

核心素养的落地需要依托真实的问题情境为载体，在探索真实问题中灵活整合与运用知识，因此微项目化教学的首要步骤在于构建真实情境及驱动问题。

1.确定具体目标

首先依据课程标准相关要求，从课程目标、学业质量等角度抽离出相关"大要求"；了解教材阅读重点，选择适当的阅读方法，细化成"小目标"。

2.构建问题情境

在构建问题情境环节，可以通过追问自己与核心素养四大内涵相关联的问题，为构建完整的问题情境提供关键词语或句段。除此之外，还可以按照布鲁姆认知领域六层次梳理前文"追问法"所得词语，将其扩展成完整语句，纳入六大层次，从而创设出最终情境。

3.创设核心驱动问题

在为期一周以内的微项目化学习活动中，教师可通过线索法与高阶思维法与设置一个具有真实性、开放性和挑战性的核心问题，来贯穿整个学习活动。

（1）线索法

线索法源于记叙文常见的七大线索，即"人""事""地""时""物"

"情""句"，七类线索在文中往往起到贯穿全文的作用。在情境创设完成后，从中抽离出一条贯穿全项目的线索，即为核心驱动问题。

（2）上位概念法

上位概念法是指通过布鲁姆的六大认知层次领域，筛选出2—6种层次的上位概念，进而生成出一条难度适中、可操作性强的驱动问题。

（二）构建核心任务

在创设出具有一定复杂度的项目情境和核心驱动问题后，教师需要构建入项活动来激发学生参与兴趣，构建指向核心素养的活动以培养学生高阶思维能力，并分派落实不同任务给不同学生。

1.创设入项活动

在入项活动伊始，教师可以创设具有实际意义的学习环境，使学生产生一定的情感反应，从而提高学习效率；如具备相应条件，也可通过实地考察并填写任务单的方式，让学生在真实的环境中学习和探索。

2.创设素养活动

本环节教师可以采用项目活动表法与项目分类法。前者围绕核心驱动问题，设计出与项目目标相对应的具体活动表。后者针对个体差异较大的班级，根据班级成员的兴趣以及能力将项目切分为概念性、总结性、开放性等任务。

（三）展示项目成果

在展示项目成果时，教师可以采用双形式展示法和多方式展示法。

1.双形式展示法

为避免展览无序，教师可以通过制作类成果形式与解释说明类成果形式这两种成果形式来实现有序展示。

2.多方式展示法

多方式展示法是教师按照不同媒介或途径规定学生展示成果的方式，

无论学生生成的成果类型如何丰富，教师均可选择展览、报告、辩论或小型比赛等途径规定展示方式。该方法适合一些后期积极性不高的项目。

（四）全程多元评价

初中语文微项目化学习的评价是贯穿整个项目实施过程中的，应是过程性评价和总结性评价相结合形成的综合评价过程。在本环节，教师可以多途径帮助学生回顾与总结项目经验。

1. 核心素养评价法

由于微项目化教学在构建项目目标与真实情境时均以语文学科核心素养为导向，因此可以针对核心素养的内涵来对学生作出相关评价。

2. 具体表现及评价法

为了对学生进行全面的了解，教师和学生均可以通过多维度来观察学生在项目中投入的状态，从学生的表情、语言、动作等多方面的表现得出观察信息并进行多角度评价。

三、实际效应

（一）学生语文学习兴趣得到提升

通过本研究策略的提出与应用，学生们对整本书阅读、古诗文及"活动·探究"单元学习产生了浓厚的兴趣，具有一定自主学习、语言运用和独立思考的能力，能够出色地完成语文课堂的复杂学习任务。

（二）学生思维能力与成绩得到提升

经过教师长期的、系统的训练，学生的思维能力与知识掌握程度有了较大提升，学生之间也可以相互协作与支持，不同学生具有差异性，能够站在不同的角度思考、分析问题。

四、经验应用价值

本策略共四大步骤，十五种方法操作明晰，过程精细，学生通过参与具体的微项目活动，探究问题、解决问题和创造新知识，从而积极地建构自己的知识体系，避免"死记硬背"所导致的诸多缺陷。

智育与美育并举的初中语文古诗文"熏陶式"教学法

◎王岑岑

一、实践背景

（一）政策依据

1.关于五育的政策指导文件

2020年10月中共中央办公厅、国务院办公厅印发的《关于全面加强和改进新时代学校美育工作的意见》中提出："以提高学生审美和人文素养为目标，把美育纳入各级各类学校人才培养全过程，贯穿学校教育各学段。"

2.《义务教育语文课程标准（2022年版）》中关于"熏陶式"教学策略

在新版课标中的"课程基本理念"及"教学建议"中分别有所提及："语文课程的建设应继承我国语文教育的优良传统，注重读书、积累和感悟，注重整体把握和熏陶感染。"

（二）理论依据

美国著名心理学家班杜拉曾指出，人的学习可以分为直接参与性学习和间接的替代性学习，人类的大部分学习是在无意识的替代性学习中完成的，即可以简单理解为人们常说的"潜移默化"。

（三）解决问题

通过访谈调查发现：对于初中生，尤其是刚进入到初中校园还未适应小升初节奏的七年级学生来说，独立理解分析古诗文具有一定的难度，面对古诗文是常常感到头疼却"不得不学"的心理状态。

二、具体操作细节

（一）以智育发展为主的语文课程设置

语文课程是智育和美育并举的核心举措之一。

1.经典名篇朗读

引导学生朗读经典名篇，让学生感受到古诗文的音韵之美。例如，在初中阶段，教材中所涉及的所有古诗文篇目。

2.古代诗歌欣赏

通过欣赏古代诗歌，从诗歌背景、诗人生平入手，在诗歌讲解中，结合学生现实经历、感受，帮助学生领会意境，进而提高学生的审美素养和情感表达能力。

3.读写结合

在教学中，鼓励学生将古诗文的阅读与写作相结合。选取一些优秀的诗文篇章让学生阅读，并鼓励学生从中获得灵感和素材。以读启发写，读写结合，共同促进学生对诗文的理解与把握。

（二）以美育培养为辅的教学环境设置

教学中，除了对教学过程的关注，也要注意客观的班级环境、文化氛围也会对学生起到不可忽视的影响作用。

1.给教室确定一个"色调"

学生对色彩具备着天然的感知能力，不同的色彩带来不同的影响与感受。因而在布置教室时，应重视教室色彩对学生心理健康的影响，除了一定的墙壁布置设定外，窗台摆放绿萝、仙人掌等绿色植物，也会有助于学生在绿色的世界里感受生命的美好。

2. 为成长选定一个"主题"

在确定色调的基础之上，设置一个富有古色古香的图案或事物作为主题，在墙壁布置、物品摆放、教学材料等方面，均可以有所体现，以此营造富有文化氛围的"熏陶式"环境，旨在于潜移默化中深化学生对古诗文之美的感知能力。

（三）"熏陶式"古诗文教学活动安排

1. 课内教学，环环相扣

（1）朗读成诵，感诗韵

在朗读过程中，教师要注重引导学生感受古诗文的韵律和节奏，体会其音乐美感。可以组织学生进行朗诵比赛；或者鉴于其本身往往是和乐而奏的特性，教师可以在朗读时，提前为学生准备优美的背景音乐。

（2）培养书写，赏诗形

教师可以安排学生抄写古诗文，培养其良好的书写习惯和文字审美能力。为了更好地引导学生进行书写练习，教师还可以组织一些与书写相关的活动，如书写比赛、优秀作业展示等。

（3）结合背景，品诗文

所谓"知人论世"，在教学中，教师要注重引导学生了解古诗文及其作者的背景和来历，通过背景资料的呈现和讲解，帮助学生理解古诗文的内涵和主题。

（4）抓住意象，绘诗色

理解古诗文意象可以培养学生的想象力和表达能力，而意象的审美价值也有助于学生的审美修养的提高。在教学中，教师要注重引导学生把握古诗文的意象和情境。

（5）代入意境，悟诗情

通过深入理解古诗文中所表达的情感和意境来培养学生的情感表达和人文精神是悟诗情的核心。通过背景介绍，鼓励学生结合自己的实际生活，帮助学生更好地理解诗人的情感和思想，从而更容易地进入诗歌的意境。

（6）结合古今，续诗意

在续诗意阶段，可以让学生根据自己理解的诗意进行再创作。这可以是一段文字、一首歌或一部短剧等任何形式的创作，只要学生能够根据自己的理解和感悟，将诗意延续下去即可。

2. 课外拓展，博采众长

组织课外古诗文展示活动。利用语文课堂开课三分钟，给学生以自主发挥和展示的时间，自由分享自己所喜欢的古诗文。展示结束后，由老师带领全班同学对于今日分享的古诗文及展示同学的表现进行讨论。在读与说中，既锻炼学生的口语表达能力，又营造了班级自主学习、开放学习古诗文的氛围，培养学生热爱古诗文、欣赏古诗词的美育能力。

三、实际效应

形成一套行之有效的初中语文古诗文教学策略。在初中语文古诗文"熏陶式"教学法的影响下，班级学生逐渐消除了学习古诗文的畏难情绪与冷漠心理；越来越多的学生表现出对学习古诗文课程的兴趣，懂得了如何欣赏文化之美、感受思想之美；成为优秀传统文化的传承者与发扬者。

四、经验应用价值

引导、帮助学生更好地理解、体会初中古诗文。从"学会"变成"学到"，从"背会"变成"体会"，真正完成学习的意义与价值。同时，为后续项目化发展奠定相关实践基础。

以"习语"为核心的初中道德与法治"三段三步"教学法

◎王一茜

一、实践背景

（一）落实立德树人根本任务的重要举措

思政教师探索"习语"进课堂在道德与法治课法治教育教学中的实施策略研究，是对立德树人根本任务的具化表现。

（二）落实《义务教育道德与法治课程标准（2022 年版）》的重要抓手

引导学生树立正确的三观，塑造优秀人格，充盈精神世界，积极践行社会主义核心价值观，培养"有理想、有本领、有担当"的时代新人，是《义务教育道德与法治课程标准（2022 年版）》中的要求之一。

（三）提高学生能力素养的重要载体

将"习语"有机融进道德与法治课法治教育教学之中本质上符合新的课程教学观，在形式和方法上活化了道德与法治课内容，学科核心素养由书本知识演变成学生的思维模式和日常规范。

二、具体操作细节

为了更好地将"习语"融合进道德与法治课法治教育教学中,我设置了以"习语"为核心的初中道德与法治"三段三步"教学法。

(一)课前搜集"习语"金句,营造学"习"氛围

此阶段是进入"习语"特色课堂学习的第一阶段,课前教师根据教学内容,指导学生搜集整理"习语"金句,培养学生自主学习能力,营造学"习"氛围。

以《道德与法治》七年级下册第四单元第十课《我们与法律同行》为课例进行分析。本环节教师在引导学生搜集"习语"并填写习语金句搜集卡,结合给定知识点,找到对应"习语"金句,谈一谈初读感受,包括途径、金句内容及感受。

教师课前根据学习内容进行了前置性作业布置,学生根据自己实际情况任选一种学习渠道,每人至少找出两句金句,由科代表负责将同学找出的"习语"金句进行汇总整理,找出出现频率较高的金句,整理成4—5句"习语"金句。

(二)课中研析"习语"金句,提高学"习"能力

此阶段是进入"习语"特色课堂学习的第二阶段,教师通过设计合作探究活动,引导学生在课堂上将"习语"金句和教材内容进行有机链接,培养学生团队精神和研"习"能力。此阶段分成三步完成:

1."习语"诵读,导入新课

本环节包括三步骤:出示"习语"金句、诵读"习语"金句、教师通过总结把"习语"金句和教学内容相衔接。

以本课内容为例,在导入新课环节通过"习语"诵读提纲挈领,结合

学生课前搜集整理4—5句"习语"金句，例如："法律是治国之重器。国无法不治，民无法不立"进行"习语"诵读导入新课，在"习语"诵读这一环节中，全体学生起立诵读2—3分钟，教师在此基础上将"习语"金句内容和教材内容进行紧密链接。

2."习语"堂间，有效链接

本环节包括三步骤：设置"习语"金句情境、分析"习语"金句内容、呈现"习语"金句。结合本课内容，选取了习近平总书记关于法治教育三个相关素材作为情境进行分析。

"习语"金句情境：观看习近平总书记在2018年3月17日中华人民共和国第十四届全国人民代表大会第一次会议上宪法宣誓的视频。

（1）分析"习语"金句：结合视频内容请学生从国家公职人员、社会、国家三种角度思考——国家工作人员在就职时公开进行宪法宣誓，有什么意义？

（2）呈现"习语"金句：①国无法不治，民无法不立。建设法治中国是中国人民的共同事业，人民既是法治的践行者，又是法治的受益者。②人民权益要靠法律保障，法律权威要靠人民维护。

3."习语"生声，总结升华

本环节包括二步骤：品读"习语"金句、总结升华本课学习内容。

在总结升华环节通过"习语"浸润心灵，以习语内容为核心、依托本课知识点内容，让学生谈谈如何践行自己的使命与担当。例如：以"法律伴我成长"为主题请同学们在便利贴上写下自己作为一名守法小公民的庄严承诺。以小组为单位在班级进行交流展示。最后环节全体同学集体诵读。

（三）课后感悟"习语"金句，拓宽学"习"思维

此阶段是进入"习语"特色课学习的第三阶段，结合课上学习内容，课后继续搜集"习语"金句、录制"习语"微视频，从"习语"的出处背

景、与教材内容有机衔接、个人收获与感悟三个方面来梳理、阐释经典语句的历史出处、来源根据，让学生深刻把握、多方位解读"习语"本身的主旨要义与思想内涵。

三、实际效应

（一）学生的提升——提高了学生学习能力与法治素养

"习语"进课堂提高了学生学习兴趣，让学生成为课堂主人，增强法治意识观念与能力。

（二）教师的发展——提高了教材驾驭能力与专业素养

"习语"课堂教学模式的运用与研究可以让教师对于教材内容的理解更为透彻，在授课过程中对于知识点的讲解更为清晰、客观，将"习语"渗透至课堂的各个环节，让思政课堂从整体上更具有逻辑性，更是加大了课堂的深度与知识内容的广度。

四、经验应用价值

"习语"进课堂不仅落实了新一轮课程改革所要求的自主学习、合作学习和探究学习，同时也凸显学科政治引领和价值引领，将习近平新时代中国特色社会主义思想根植于学生内心，用经典涵养正气、淬炼思想、升华境界，架起一座立德树人育人目标与学生思想主阵地的桥。

历史地图在初中历史教学中的"两主体四步走"应用策略

◎吴　浩

随着新课改的实施，历史教学更注重学生自主学习能力的培养。而学生历史空间概念的建立是学生自主学习能力的重要组成部分。我对近几年来有关历史地图的研究作了较为详尽的总结，并以部编版初中二年级历史新教材为例，论述了历史地图在中学历史教学中的应用，为历史地图教学提供了一些借鉴。

一、教材中历史地图的分类——以初二教材为例

根据划分标准的不同，对历史地图种类的划分也不同。张海鹏将历史地图分为疆域图、形势图、路线图、水利航运图等；干树德将历史地图分为区域关系图、空间位置图、空间移动图、地域演变图、空间扩展图。

二、学生读图方法的研究

（一）识别历史地图

根据划分标准的不同，对历史地图的种类划分也会不同，学生读图的第一步就是区分历史地图的种类，每个地图种类的学习方法是不同的。刚才我已将常见的历史地图分类做了介绍，分类方法有很多种，我认为干树德先生的分类方式分析了学生空间思维发展的水平，更具有针对性。更能从历史地图的特点出发，比较适合于教师教学和学生学习。

（二）挖掘历史地图中的有效信息

接下来学生要阅读历史地图，根据教学问题挖掘地图信息。学生挖掘历史地图中的有效信息，具体过程如下。首先需要把握住图片主题。前文已经介绍了历史地图的不同类型，抓住主题就是要认清历史地图的类型。如空间位置图会囊括比较广泛的区域，这就要求学生重点关注与主题相关的范围分布等；其次，找清方位和位置并认识图例符号。一般按照"上北下南，左西右东"来确定地图的方向。图例作为地图上使用符号的归纳，在历史地图中有很多的表现形式，如点状、线状、面状等，需要读图者看清相应的信息。最后便是提取图中信息，找寻变化。历史地图具有一定的动态变化性，因此在阅读图片的过程中必须从主题出发，联系已有知识，理清规律和本质。

（三）高效利用历史地图中的信息

对于我而言历史问题探究的方法是一种非常有效的教学方法。对于学生学习历史地图，这种方法也是有效的。在学生学习历史地图时，首先是提出与历史地图中的有效信息相关的问题，引导思维的走向，再依据问题挖掘地图中的信息。除了使用问题探究法之外，还要结合多种角度来解析问题。

（四）感受地图里的情感价值

学生不仅要完成知识建构的任务，更要树立正确的价值观。在识图过程中，尤其是战争史的学习，能够经常地展示出人类历史最黑暗的一面，这可以让学生形成正确的价值观。比如学习八年级的中国近代史，学生需要在体验和感悟中了解并认同中国革命文化，并形成对中华民族的认同感。尤其是中国共产党的奋斗史，学生能感受到中华民族以崭新的姿态屹立于世界民族之林，形成民族自豪感。

三、教师教学中的应用策略

（一）采用动态地图，再现历史情境

历史地图能动态地反映出历史事件的变化，但要想使历史地图变成"活起来"的地图，关键在于让地图动起来。教师需要对地图的点、线、面各要素做动态化的处理。以讲述战争历史地图为例，其中点的动态化需要表现出某一城市或某一聚集点的归属演变；线要包括某一军队行动轨迹的变化，在地图中主要用箭头代替；面的动态化涉及国家边界、占领地区的扩张、缩小或合并等空间演变过程。

（二）整合地图资源，培养时空想象力

动态历史时空观以发展的眼光将历史现象置于历史长河中去，是历史思维的高级形式。培养学生的历史时空想象力是实现历史教学根本目标的应有之义，我认为通过整合教材的地图资源，可以很好地实现这一目标。

（三）地图标记和符号的多样展现，提高地图识读与运用能力

当教师看到一幅历史地图时，首先应让学生知道该幅地图主要反映了什么事件或现象，先确定主题后再进一步观察此图所属的类型。比如在讲授元朝行省制度的特点时，将元朝行省区划图展示出来之后，教师可以将湖广行省和江西行省的区域放大，再让学生们观察元朝省界与今天省界的

不同。进而说明元朝行省的划界原则是以"犬牙交错"为主导,这就改变了之前朝代以"山川形便"为主的划分方法。

(四)注重历史课程资源开发,推动历史地图的辅助教学优势

在教学过程中,我会运用整体思维,跳出点、线、面的限制。比如讲授"平型关大捷"时,为了使平面地图更具立体感和饱满感,我们可以运用3D历史地图,所谓3D历史地图是运用现代科技,将历史事件所发生的地形、地貌及其他如植被、天气等因素以立体直观的形式表现出来的立体地图。

四、问题与反思

教师必须做到对历史地图的严格把控,比如涉及古今地名的差异时,课文中往往采用的是现在的名称,地图则标注出古名称,这就出现了图文不一致的情况,教师就需要对学生进行指点,像中国台湾岛在历史上就有不同的名称,如夷洲、流求、流球。而且,历史地图一旦涉及边界划分的敏感问题时,教师更要能够清晰地识别。如中国的藏南地区、麦克马洪线、阿克赛钦地区、中国台湾、南海诸岛等。总之,关系到中国领土的严肃问题是不容马虎的,这类历史地图必须谨慎使用!

初中现代文批注式阅读"四步法"策略

◎战荷丹

一、实践背景

《义务教育语文课程标准（2022 年版）》提出："义务教育语文课程培养的核心素养，是学生在积极的语文实践中积累、建构并在真实的语言运用情境中表现出来的，是文化自信和语言运用、思维能力、审美创造的综合体现。"在初中现代文阅读的教学中，运用批注有利于学生各项核心素养的培养与落实。

本课题即立足于学生实际，试图解决学生在面对现代文阅读没有任何抓手的痛点，从批注式阅读的角度力争实现学生们的阅读新突破。

二、具体操作细节

（一）批注规则的设定

1. 符号法

教师需要为学生设定如圆点、圆圈、三角形、双横线、波浪线、问号、感叹号、颜色记号、斜杠、双斜杠等符号的应用方法。

2. 文字法

根据布卢姆提出的识记、理解、应用、分析、综合和评价六大认知能力层级，结合圈点批注内容的个性特征，教师大致可将批注文字分为注音释义、理解感悟、分析总结、鉴赏评价和提问质疑五类。

3. 纲要法

纲要法批注是学生对文本整体内容、篇章结构、思想观点等进行分析和概括的批注类型，概括篇章每部分主要内容的批注就是典型的纲要法批注。纲要法批注的对象可以是文章中心大意、篇章结构、文章思路、作者的态度观点、作品的主要表现手法等。

4. 批注的位置

批注的位置可分为眉批、旁批、夹批、尾批。

（二）批注阅读四步法

1. 课前预习批注——整体感知

课前预习批注主要从字音字义、文章结构、主旨理解这三个角度进行批注。在具体操作上主要应用符号法、文字法和纲要法三种方式。

这一角度着重于对文本中基础知识的认识，为课堂阅读教学扫清阅读障碍。学生需要在通读文章之后，勾画出自己文章的重点字词，梳理出作者行文思路。

2. 课中学习批注——入文本

在此阶段，学生主要从鉴赏和评价两个角度进行批注，从而达到对文本的深入理解。在具体操作上主要应用文字法，批注位置主要是"旁批"，即写在文章页面的两侧。

3. 课后拓展批注——拓视野

在这个部分，学生主要从加平等对话和资料补充两个角度进行批注，从而得出自己的心得感悟，拓展阅读视野。在具体操作上主要应用文字法，批注位置主要是"尾批"，即写在全文结尾或一段文字的结尾。

比如学生可以在《回忆鲁迅先生》的尾批中引用萧红的《拜墓诗》，并结合文本留下自己的思考。学生也可以进行群文阅读，把自己读过的和本文相关的课外文章与本文进行对比批注。

4.课外应试批注——提能力

就具体操作而言，课外应试批注主要分为文本细读、答题框架和作文积累三个方面。主要应用的操作方式是：符号法、文字法和纲要法相结合的综合模式。批注位置主要为"眉批"和"旁批"。

应试是初中生必须面对的话题，分数也是学生在各个学科学习中必定的追求。学生在批注式阅读训练中的所得，包括对文本内容的理解、结构的梳理、手法的鉴赏以及主旨的把握。这一切都经历了学生从思维到文字，从文字到语言，从语言再到文字的外化与打磨，这一过程正是对学生阅读能力的一种考察。

三、实际效应

（一）学生的进步

学生通过进行课前、课中、课后、课外的批注训练逐步形成了批注的习惯和意识，在日常的课内现代文阅读的课堂上可以精准抓住核心要点，并且培养了自己自主、自律的学习意识。在做课外现代文应试题目的时候，随着课外应试批注的应用，学生快速找到了答题要点，批注帮助了学生理清答题的思路，从而提高了自己的阅读能力与成绩。

1.课堂效率的提高

学生通过课前的预习批注和课中的学习批注，在很大程度上熟悉了文本，这样会很快地推进教学进度。在课前预习批注之后，教师可以化讲解为考查，直接以小考的方式检查学生的预习情况，这样既节省了时间也增加了课堂的紧张感。

2. 阅读能力的提高

学生的阅读能力主要体现在做应试阅读理解题的时候，通过批注式阅读训练，学生会开始有意识地审题，然后明晰每道题的考点。比如如果考试问环境描写的作用，那么"1. 概括景物特点；2. 渲染……气氛，烘托人物心情；3. 推动情节发展，为下文……作铺垫"这几点答题模式会立刻出现在学生们的脑海中。

（二）教师的提高

课前的预习批注提高了老师对学生指导的规范性，课中的学习批注和课外的应试批注提高了老师对阅读重难点把握的精准度，课后的拓展批注提高了老师的阅读意识，让老师不断增加自己的阅读量。

四、经验应用价值

以上这四步法应用到日常的教学活动中，可以提升学生的语言表达能力、思维表达能力和成绩。整个操作过程清晰可见，便于模仿与经验移植。此外，此策略不仅适用于初中现代文阅读，也可以迁移到初中文言文阅读当中，作为初中语文教师，我将取得的经验成果广泛地应用到日常的教育教学当中，并通过科研经验活动分享给其他语文教师，实现其应用和推广价值。

初中生物教学中生命教育现状及其教学策略

◎赵鑫宇

一、实践背景

（一）政策方面

《义务教育生物学课程标准（2022年版）》提出了生物学科的核心素养，并将生命观念放在了首位，说明生命教育应该作为生物学的第一要义。

（二）学科方面

初中生物课程是初中课程中相对重要的构成部分，比较受学生欢迎。教师可以将这门课程完成得更加丰富多彩，并且青春期是学生思维灵感迸发的关键时期，让学生感受生命之美、生物之美。

（三）实际教学方面

生物学作为生命教育的主阵地，应该好好利用，在学习过程中让学生平稳地度过青春期这一关键时期，将自己放在生物圈当中思索自己对于社会的责任。

二、具体操作细节

本课题研究周期为一年，研究计划总体分为五个阶段，各个阶段的主要完成工作如下。

（一）第一阶段：更新教育理念

1. 寻问专家意见

寻求生命教育、教学活动等相关领域专家进行项目可行性的咨询，积极学习其思想经验，了解专家意见，将现有研究方案进行完善，通过对问题的剖析，了解生命教育课程开展的重难点并进行细化与深入，以保障课程后续实施过程中的顺利进行。

2. 开展文献研究

研究者针对"初中生物生命教育""教学策略"等理论的概念进行深入学习，包括《义务教育生物学课程标准（2022 年版）》，初步分析其课程开展方式，探索生命教育的现行方案，了解新课标中对生命观念的阐述，找到相应的教学内容并完成和教材的对应。

（二）第二阶段：前测数据收集

根据对学生的调查和访谈分析初中生命教育现状的影响因素包括三方面：应试教育的影响、学生习惯性被动地接受教师的知识传授；学生普遍生命意识淡薄；教师受课堂时间有限和实验室设施配备限制无法给予学生更好的生命体验教学。

（三）第三阶段：初拟实施方案

根据上述对于初中生命教育现状和影响因素的研究数据，分析苏教版生物教材，确定本课题实践研究的策略和形式，拟定课题实施方案。

苏教版初中生物教材分为七年级和八年级共四本书，原本的教材按照义务教育课程标准紧密排布，本研究经过分析以及对有经验教师的访谈，将教材内容进行有效抽取和重新编排，并分为认识生命、体验生命、热爱生命和感悟生命四个模块。

（四）第四阶段：实施实践教学

根据前面做的研究，了解学生接受生命教育的现状，同时对教材中的生命教育内容进行发掘和分类，有针对性地安排教学内容，搭配相应的教学实践活动，开展生命教育导向的生物学科教学，让学生切实参与到生物课堂中。

（五）第五阶段：总结研究成果

1.学科方面

在生物教材中有大量的生命教育资源，能够给教师提供充分有效的教育工具，但是我国对生命教育研究不足，生物学科也没有展现出应有的优势。本研究通过对苏教版初中生物教材的梳理，整理出了较为详细的生命教育分类表，对于生物学科整体内容划分出生命教育的相关章节，对于本学科的生命教育开展做好了前期的预备工作，据此设计出的教学案例也可以为一线教师提供参考。

2.学校方面

古人言："纸上得来终觉浅，绝知此事要躬行。"学校是课程实施的主要场所，因此要贯彻生命教育，就需要依托学校这个大环境。本次研究在学校的大力支持下得以完成，学生能够真正走出课堂，开拓视野，通过调查收集数据，了解糖尿病的病因、通过观察银杏叶片了解植物叶的结构……对于学生来说都是属于生物学独特的美和发现。

3.个人方面

经过本次对初中生物学生命教育为期一年的研究，我体会最大的是成功的课堂教学是要凸显出本学科的优势的同时完成义务教育的核心素养。生物学科是一门自然科学，作为教师首先要给学生树立关于这门学科的独特性，让学生感受生命的多样性；其次，实验是生物学的基础，要培养学生在实验操作中严谨的操作态度；再次，学生参与课堂的最好方式是小组合作学习，生命教育要求学生"活"起来，避免传统的教学模式；最后，对于教材内容有了新的审视，发掘更多关于生命教育的实践活动，让课堂也真正"活"起来。

三、实际效应

充分分析苏教版初中生物学教材内容，整理有关生命教育的内容，并总结出了以下教学策略：

体验式教学策略：在校园中寻找各种常见的动植物，让学生能够切实地感受到大自然中物种千姿百态的美。

问题串教学策略：通过对生态系统的学习，目的是引导学生思考人与自然的关系，以问题串的形式层层递进，让学生更好地理解课程的连贯性。

探究式教学策略：在探究实验中带领学生发现更多微观世界的别样美好，在做实验的过程中让学生以小科学家的姿态养成对科学的严谨态度，初步了解生物学实验的步骤。

渗透生物科学史：知识来源于无数前辈的积累和努力，让学生了解生物学史，得知每个结论来之不易，让学生感受属于科学家的锲而不舍精神和奇思妙想的创意。

四、经验应用价值

在本人所教班级开展相应生命教育的教学活动，学生积极参与，能够很好地完成资料收集、实验探究、模型制作等任务，培养了学生们的生命观念，帮助处于青春期这一关键时期的学生更好地体会生命的价值，对生物学科更感兴趣，基本达到本研究的预期效果。

小学中年级音乐课堂中乐理知识教学的"三步学习法"

◎罗竹然

《义务教育艺术课程标准（2022 年版）》对音乐教学的核心价值做出了肯定，以音乐审美为核心的音乐教育理念深入人心。乐理，是音乐基本理论的简称。它作为学习音乐的基本工具，与音乐任何一个方面都息息相关。

近年来，人们对儿童音乐教育重要性的认识得到了进一步提高。然而走进中小学的校门里，我们仍会发现有很多孩子对音乐基础知识的了解少之又少。因此，对于小学音乐教师而言，引领学生扎实牢固地掌握乐理知识是提升小学音乐教学效益的一条必由之路。

一、操作初期

在操作初期，应将乐理知识趣味化，让学生乐于自主参与到课堂中。这与《义务教育艺术课程标准（2022 年版）》中的"乐谱识读""器乐表演""音乐表现要素"等模块相对应。

（一）游戏性教学法，帮助学生提高对学习乐理知识的兴趣

通过游戏的趣味性活动来教授乐理知识。针对不同乐理知识设计趣味音乐游戏，让学生在游戏中学习音乐符号、节奏等基本概念，培养学生对音乐的兴趣和好奇心。适当的游戏教学不仅能够活跃课堂气氛，还能让学生及时巩固课堂上刚学习的乐理知识，并加以练习。

1. 创造具有音乐元素的游戏

让学生学会课标中需要掌握的乐理知识内容。教师可以设计有趣的音乐节奏游戏，让学生通过游戏来学习节拍、节奏、音乐记号等乐理知识。例如在学习八分音符的时值时，设计"抢凳子"的游戏，寓教于乐，用游戏来理解并记忆乐理知识。

2. 制作音乐辅助游戏

学习乐理知识。教师设计乐理知识辅助游戏，让学生通过游戏来学习如音阶、和弦、调式等乐理知识。例如，在学习音阶时通过一个学生代表半音、两个学生抱在一起代表全音的方式理解半音与全音的关系。

3. 利用音乐教学视频

由浅入深地系统学习乐理知识。教师设计音乐教学视频游戏让学生更直观地了解乐理知识；学生通过观看音乐教学视频、模仿节奏等方式学习乐理知识，并在音乐游戏中同其他学生线上交流、分享音乐知识。

（二）乐器辅助法，帮助学生学习乐理知识

利用乐器教授乐理知识。《义务教育艺术课程标准（2022年版）》中指出，要让小乐器走进音乐课堂。中年级学生可以通过小乐器感知音乐节拍、节奏、旋律等音乐要素，从而记忆乐理知识，适当运用音乐符号创编乐曲伴奏。

1. 丰富音乐基础知识

教师针对中年级学生讲解节拍、调式、音程等基本概念来丰富学生的

音乐基础知识。例如可以用生活中各种职业特点的声音填入节奏中，创编音乐旋律。

2. 参加实践小组合奏

教师可以将乐理知识与实际演奏联系起来。例如教授主和弦时，教师弹奏音阶，可以要求学生跟随音阶分解演奏主音、三音、五音，学生熟练演奏后可以在演奏中加入不同的节奏。

3. 提高学生音乐综合素养

增强学习乐理知识的兴趣。教师可以通过教授一些有趣的乐理知识来激发学生学习的兴趣。介绍一些著名的音乐家和作曲家的往事，或者分享一些有趣的乐理实验。

二、操作中期

音乐短剧是一种结合音乐和表演的艺术形式，可以通过情节、角色和音乐元素等多个方面来向观众传递信息和感受。在操作中期，乐理知识是基础，即兴创编和音乐创作是能力，让学生主动参与到音乐表现和创造中去，这与《义务教育艺术课程标准（2022年版）》中的"编创与展示"模块相对应。

（一）了解音乐短剧中的音乐元素

音乐短剧通常会使用不同的音乐元素。在观看音乐短剧时，可以注意音乐元素的运用，了解它们的基本概念和特点，通过学习音乐符号系统学习乐理知识。

（二）通过音乐短剧探究音乐结构

音乐短剧中的音乐结构可以分为乐句、乐段、曲式结构等，当然也可以是不同部分之间的变化和转换。观看音乐短剧时，可以分析它们的结构，了解不同部分之间的关系和作用。

（三）感受音乐情感，学生进行创编

音乐短剧通常会通过音乐情感来表达情节和角色的情感状态。学生创编音乐短剧时，引导学生感受音乐中的情感变化，了解音乐情感与音乐元素之间的关系，同时也可以享受音乐和表演带来的艺术体验。

三、操作后期

操作后期，学生经过由浅入深的系统学习，形成思维导图。利用记忆、阅读、思维的规律，思维导图协助开启大脑的无限潜能，促进学生的深度学习与记忆。

四、实际效应

（一）学生

1.提高音乐学习兴趣

通过对中年级学生问卷调查的结果汇总，发现"三步教学法"帮助学生养成了良好的音乐学习习惯，大幅度提高了音乐学习兴趣，进而提高了学生的音乐综合素养。

2.游戏教学在乐理知识学习中得到良好应用

根据小学中年级学生学习音乐的特点和学习目标，将教学游戏与情境创设联系学生的生活，将生活中各种声音的高低、强弱、长短、音色等与之相关的音乐要素建立联系，引导学生将已有的生活经验迁移到与音乐相关的学习内容上，逐步将生活经验转化为音乐经验。

3.学生能够主动参与身边的音乐活动

"三步教学法"注重学生独特的学习体验，尊重学生在学习过程中的主体地位，同时注重对学生理解能力的培养，课堂中形成了"自主、合作、探究"的学习方式，学生能自主完成思维导图。

（二）教师

1. 提高教学质量

通过对乐理知识的系统性研究，更好地探索乐理知识多元化、趣味化的教学方法，提高了自身专业素养和教学水平。

2. 培养教师的研究能力

在乐理知识教学方法的研究过程中，教师教研能力得到了提高。教师按照课题计划边学习、边实践、边探索、边总结，积累大量的资料、案例，专业化水平得到提升，促进了自身对乐理知识教学的认识和理解。

四、经验应用价值

本研究的开展，在符合当下高度重视美育、培植学生爱国情感的大环境中，又扎实地推进了中年级乐理知识教学工作，让学生真正从音乐角度了解乐理知识，识记乐理知识，提高中年级学生的音乐综合素养。以提高学生审美和人文素养为目标，弘扬中华美育精神，以美育人、以美化人、以美培元，使乐理知识的教学更加科学化、系统化，增强学生对音乐学习的兴趣。

课／后／功／夫
KE HOU GONG FU

以课题研究为载体　提高初中物理复习实效性

◎张　璐

一、实践背景

中考物理复习的最后阶段，是学生经历了完整系统的知识复习后，训练提升综合能力的最后一环。这一阶段的复习主要是为了增强学生自主学习的能力、获取信息的能力、实际操作的能力、正确决策的能力、应用所学的知识解决实际问题的能力。在这轮复习中，改变复习策略，灵活复习方法，让学生由被动接受变为主动学习势在必行。

二、具体操作细节

（一）伙伴互助，组建小组

分组是很重要的一环，一个小组就是一个团队。组长要具有良好的沟通能力、领导能力，组员要分工合作才能在规定的时间里完成老师布置的任务。分组要考虑到小组成员的分工，要求各具不同的能力，比如收集信息、归纳整理、制作 PPT、演讲展示等能力。在小组里发挥自己的长处，得到成员的认同，可以提高学生的自信，认为自己在物理学科是有学习能力的。小组成员还需合议给小组起名，并确定图标，以备给其他小组打分时使用。

（二）扶、帮、放、比，科学选题

科学选题是关键，最好是能够融合大单元的专题模块。选题分两轮进行：第一轮选题，教师给出课题研究范围，"扶""帮"学生制定课题名称，梳理研究方法。第二轮选题，学生经过一轮的研究学习初步具有了课题研究能力，同时在一轮总结过程中，可能生成新的问题，有想要研究的欲望。此时"放手"让学生自己定制二轮选题，培养学生自己发现问题的能力，学生会"比"着谁的题目更新颖有趣、更有实战性、更能揭示学习误区等，充分调动学生兴趣，学生由被动变主动。选题要贴近学生生活，从身边的事物开始，学生容易入手，将学生身边熟悉的事物、科技前沿等搜集整理成若干小课题，课题的安排配合教师教学进度展开，是教学的有益补充。

（三）媒体网络，搜集信息

"培养学生收集和处理信息的能力"是中国基础教育课程改革的目标之一，学生学习的过程是将知识内化的过程。只有将所学知识消化吸收与已有知识融合理解，明白知识之间的系统联系，才能利用知识解决实际问题。"兴趣是最好的老师"，调动起学生的学习兴趣，学生有了主动获取信息的需要，经历处理信息的过程，才能在大量信息中获取有用的部分，将之组合联系才能达到解决问题的目的。这对培养学生学会学习，终身学习具有重要意义。

学生准备课题阶段，同时酝酿本组第二轮课题内容。组长要跟老师汇报进展情况，老师可以对学生提出适当的建议，对于能力差的组也可以适当给小组提供一些素材，让学生挖掘其中相关的物理知识，帮助学生克服畏难情绪。

（四）展示答疑，成果汇报

展示过程是学生自我评价和互相评价的过程。教师把说话的权利、表达的权利还给学生。展示环节，除了为学生提供这样的平台，学生也在展示的过程中再一次梳理、更新、优化自己对课题项目的认识。在表达的过程中加深对物理知识的概念辨析、应用联系。学生在展示的过程中锻炼了表达能力，获得成就感，使学生更加自信。展示过程中的自我评价过程也让学生不断反思、进步。

每节课在规定的时间内展示，由课题组成员主持。可以是沙龙形式或课题组成员答疑形式。展示内容后要安排答疑时间，大约3—5分钟左右。由课题组主持人提问同学们相关问题，或者由同学向课题组成员提问、质疑。这样不但能形成良好的互动，提高其他学生的参与程度，学生易混淆的知识点也得到了澄清，暴露出一些新的问题，有益于教师在教学中加强辅导。

（五）科学评价，总结奖励

课题的评价主要以学生自评和互评形式体现，每一轮课题后及时总结、表奖，促进学生进一步主动挖掘教材知识，形成良性循环。

课题展示环节评价标准分三个维度：能正确总结该模块知识点；能巧妙地以主题形式将知识点整合；课件精美、表达准确。

课堂答疑环节，能够准确回答课题组提问的小组加一颗星，能提出具有探讨价值的问题可以加一颗星，对课题组的讲解提出质疑并阐述证明自己观点正确的加一颗星。每轮展示结束统计小组的得星情况，分三组进行奖励，分别是：展示之星小组、探索之星小组和火眼金睛小组。获奖小组有权优先挑选下一轮课题，并有权指定某一小组完成指定课题等。非物质的奖励，使学生有了因努力而获得成功的成就感。

三、实际效应

利用课题组模式进行三轮复习，首先是使学生由学习型学生向研究型学生转变。变老师给学生归类、总结，学生被动接受为师生共同制定课题目标，学生分组进行课题研究。通过课题的展示焕发学生的学习热情，获得学习的快乐心情，从而促进学生内力觉醒，唤醒"心"的力量，使学生获得终生学习的能力和动力。

四、经验应用价值

通过学生课题展示，不但提高了学生的综合能力，也暴露出学生在复习过程中存在的一些问题。结合学生存在的疑惑，及时调整复习方案，制定新一轮的课题计划，使之成为一种良性循环。

经历了一到两届学生的课题复习，教师基本能掌握学生的学习动态，对复习进度和内容有更好的把控，课题的更新迭代也促进教师的二次学习，达到师生共同进步的目的。

开卷考试形式下做好中考历史三轮复习的有效方法

◎邹　钰

开卷考试形势下，如何做好历史复习呢？我的操作方法如下：

一、操作过程

（一）第一轮复习

1. 教材整合法

按照课节—单元—整册教材的顺序，将重点知识进行整合的复习归纳的方法。

（1）课节整合："以题带练"，标星号，标难度，明确题的区分度，适用于分层教学。

（2）单元整合：拆分单元标题为几个小专题，对应小专题和课程内容，例如"洋务运动和边疆危机"中的美国、日本侵略中国台湾、收复新疆和中法战争可以概括为边疆危机。

（3）全书整合：对教材目录和内在线索进行梳理。

①做目录索引：每课重点知识点、关键词标注在目录旁边。

②划分历史阶段：按照历史时期、社会形态切分本册教材。

③梳理同类项

重点事件的"易混点归纳"，统一整理在教材固定位置。

例：武昌起义：1911 年孙中山推翻清朝统治　中华民国建立

南昌起义：1927 年朱德、贺龙等反抗国民党反动派　十年内战开始

④学做大事年表

归纳重点历史事件的时间、朝代等相关信息在书后面，帮助学生快速找到答案。

⑤做时间数轴

将重点历史事件的起止时间对应在数轴上，帮助学生梳理事件顺序和交叉影响。

2.四步记忆法

教会学生背诵的四个步骤：课堂记忆、提纲梳理、问答考查、打乱自查。具体方法如下：

（1）课堂记忆。在课堂上，老师利用有限时间，反复提及所学旧知，通过联想、抓关键词、图示、特点等可以抓取的点，来引发学生对旧知的回忆，巩固记忆。

（2）提纲梳理。第一轮应用：课上边听课边填写。第二轮应用：背诵填写。

（3）问答考查。线索版提纲的问答版本，在学校可以成为小卷，在家可以帮助家长考查，实际操作性很强。

（4）打乱自查。针对学生只背答案不知道问题的毛病，利用"打乱版提纲"，夯实背诵功底。

（二）第二轮复习

第二轮复习应该采用专题复习的方式，但是往往在部分内容的复习时，以往的小专题复习方法就不适用了，因此，可以改变以往的小专题的复习，而进行"大专题复习法"。

例如在旧民主主义革命中，"中国近代化"是重点难点，而学生对"中国近代化"和"中国近代史"很难区分，因此，在复习时，可以按照大专题的复习，划分成政治、经济、思想文化、生活领域，即将"中国近代化"分成了政治民主化、经济工业化、思想理性化和生活社会化，打乱事件顺序，梳理发展过程，将政治方面由专制到民主、经济由农业到工业思想、由愚昧到理性、生活由保守到开放的发展变化过程，清晰地展现在学生面前，从而更深刻地理解"近代化"，在一堂头脑风暴课之后，同学们也因为接触到如此新鲜的历史而感到兴奋，点燃了同学们的复习积极性。

（三）第三轮复习

第三轮复习应该是以讲练结合和技巧总结为主，辅以资料总结。因此，在这个阶段教师应该为学生们总结以往的答题技巧和画书模板。

1.答题技巧总结

为了强调学生答题的规范性和概括材料的准确性，教师可以使用中考答题技巧总结。里面涉及中考常考方式：方面、因素、原因、结论、认识、启示等，尤其是对结论的总结是学生的薄弱项目也是考试的难点，因此，我们可以将答题方法"公式化"，这样学生答题的时候就不容易丢采分点。

2.画书模板

针对开卷考试，教师需要帮助学生整理教材画书情况，统一记录内容，防止部分学生丢点落点，为学生制作了一套统一标注教材的模板，包括如何画一个词，如何在这个词旁边添加注释，如何总结教材中的思考题答案，如何从思考题中引申出启示题的答案，等等，这样对平时课上不认真或者记得不全的同学是非常重要的补充，这个模板在三轮复习时统一发放到群里，供学生查缺补漏，同时也可以督促学生在最后时刻仔细阅读教材，熟悉教材。

二、实际效应

（一）学生的变化

加强了学生对教材的重视。整理教材前，很多学生对教材不熟悉，下笔无根，整理教材后，教师的宝典成为了学生的"高分秘籍"，例如"大事年表""目录索引"的整理，提高了学生的查找速度，加强了学生对教材的重视程度，使很多学生答题时候有抓手。

（二）教师的改变

1. 适用范围广

此方法适用于初中三个年级。

2. 加强了对教材的理解

通过研读教材，我对现行教材更加理解，对知识构架和考点更加明确。

三、经验价值

（一）普及性高

此复习的方法都属于基础复习法，在任何年级任何学校都可以适用，所以具有很高的推广价值。

（二）资源共享

在三轮复习中为学生整理的一系列资料，如大事年表、专题复习表、目录索引、历史结论、各种版本的提纲等，都是非常好的备考资料，易于操作，省时高效，非常适用于现在的历史开卷考试。

（三）点拨拔高

大专题复习方法和以题代练的复习方法适用于培养学生历史学科素养，冲刺中考高分、满分，所以对学生有点拨和拔高的作用。

有的放矢——中学数学错题本的建立与应用

◎齐冬梅

一、实践背景

易错题是教学中必须面对的问题。所谓易错题，是指一些讲过多次的题目，学生依然频繁出错；或是多数学生都会在某道非难题上"中枪"。究其原因，易错题产生有以下三大类原因：

1. 基础知识类：其往往是学生基础知识不扎实所导致。

2. 重难点知识类：其主要是题目本身的原因导致。

3. 没真正理解类：是学生没有真的理解题目蕴含的考点。

如何正确对待易错题，成为了在初中数学教学中的一个挑战。因为传统意义上的错题本存在弊端，如学生"应付"对待或只改"面"不改"里"，不理解问题实质等。

如今中学数学教学趋势是"强调注重基础，突出重点。基础题是试题的主体，能力题是试题的主流"。数学是理科思维的集大成者，题型灵活多变，解题方法及其组合也是千差万别。因此错题整理对学习数学是大有裨益的。将错题本升级，消灭错题，提升学习能力，才是教学真正意义上的"有的放矢"。

二、具体操作细节

将错题本分为两类：教师版和学生版。

（一）教师版——错题（好题）本

教师通过经验将重点、经典题型总结到活页本上，随时更新补充题型和解法。用法分为三步：一整理、二提炼、三应用。

1. "一整理"即为在过往的教学中整理学生的易错题以及典型题、重点题，随时补充遇到的类似的题型和解法；

2. "二提炼"指归纳学生错题错误点或多种解法以及数学思想。

3. "三应用"是教师针对错题本内容在课堂上有针对性的解读、强调、干预，从而提高了课堂实效。

总之，充分利用错题本，可以对易错题和重点题型进行整体把控，提前对学生要出现的易错题进行干预，巧设问题、难题分解等方法化解难点，从而达到减少错题的目的。

（二）学生版——错题（好题）本

对学生的错题本进行了升级改造。

1. 本子必须是左右翻页的；

2. 左页抄错题（或者复印错题粘贴在本页上），右页写出错因以及正确答案和所考查知识点；

3. 每天或者周末整理出相应的练习册、卷子中的有价值的错题或者好题。

这样做的目的是想让学生找到自己的问题，并且解决问题，把这道题、这个知识点真正地弄懂，避免重复性的错误；而且还会为以后的复习留下好的素材库。学生版错题（好题）本的用法分为五步，即马上写、及时析、经常翻、共享考和分层留。

1. "马上写"即为学生每天或者周末把试卷中、作业中错的题，还有上课教师总结的有价值的好题整理到学生版错题（好题）本中左页部分。

2. "及时析"即为在错题本的右页及时改错分析错因，以及总结的重点题型的多种解法，等等。

3. "经常翻"即为错题（好题）整理分析后要及时阶段性的反复复习翻看，以达到巩固知识，加强理解，培养能力，掌握规律的目的。

4. "共享考"即为学习能力强的学生阶段性的总结自己的高频错题，汇总到一起成为一套高质量易错题卷。

5. "分层留"即为错题本作业是有层次的。对于学习能力强的同学要求自然高，改错、分析、归纳、整合的过程一样不能少；对于中等生，也是高标准，通过平时的优秀学生的错题本展示和认真监管来带动中等生，提高能力；对于学习能力较弱的学生本身错题相对较多，不能要求所有错题都抄写，只负责改写适合自己的基础类的错题，适时给予鼓励，调动其学习积极性。

（三）错题本的监管——树榜样、勤检查、重指导

无论是教师版错题本，还是学生版错题本，都有很大价值，但是要坚持却非易事。所以错题本的监管工作是非常重要的。

树榜样——由教师做"勤记""好记"错题本的标杆。通过教师的榜样作用，来调动学生的积极性，同时向学生定期展示优秀的错题本来让大家学习，更能壮大书写优秀错题本的学生队伍。

勤检查——由教师和家长做错题本的"监察员"。教师需要大量时间和精力规范和指导学生写好错题（好题）本。

重指导——由教师做指导者，对不同层次学生给出不同要求的针对性指导。

三、实际效应

错题（好题）本的升级——师生双版，无论对于教师，还是对于学生都具有举足轻重的作用。

（一）学生的变化

通过七年级上半年的培养，学生和老师都有了默契，学生通过老师课堂上的重点强调和点拨，会有意识地专注听和记录；老师通过授课、作业、试卷以及错题本，更加了解学生对知识点的掌握程度，有的放矢地对学生进行讲解和指导，大大提高课堂实效。

（二）教师的变化

由于集体备课一直是我校多年来的传统和特色，所以资源共享和集体智慧在我校体现得淋漓尽致。谁有好的方法和建议都要整个教研组资源共享，所以我的"错题本"的成功转型也在学校数学组推广使用。

四、经验应用价值

对于老师来说，既提高了自己的教学水平，又使自己提升了把控题型、重难点、易错点的能力，从而提升教师的理论教学水平和实际教学经验。对于学生而言，既锻炼了自主学习能力，又提高了分析问题、总结问题的能力，从而最终降低了易错题的出现数量和频率。

总结归纳错题（好题）本，具有实效性，可以提高课堂质量、降低题目重复讲解的频率，节省课堂时间，具有推广的意义。

"双减"背景下初中英语单元整体"5+1 生态作业"设计策略

◎韩雅慧

"双减"背景下，教师应以减轻学生学业负担和作业负担、提高教育质量为目的优化作业的设计和实施。教师从量的层面上减轻学生作业压力，通过鼓励学生完成"生态作业"，从质的层面上引导学生完成弹性和个性化的作业，体现"能力为重，素养为本"。

在《义务教育英语课程标准（2022 年版）》背景下，作业设计可以围绕每一单元的主题为核心，针对每单元阅读课、听说课、语法课、写作课、阅读课、复习课，设计一条贯穿单元教学始终的生态作业。

一、具体操作细节

（一）作业设计围绕单元整体，重点突出核心价值

在作业设计过程中，教师应树立单元整体教学意识，发掘单元大主题和语篇小主题的关联，梳理出单元的主线和核心，整合单元教学内容。

（二）密切关注日常生活，紧密贴合生活实际

作业设计必须要坚持作业与生活相结合这样一个原则，才能真正服务学生，实现培养学生的生存力、生活力。

1.结合学生生活

作业设计将学生日常同伴、家人生活事件涉及其中，提升学生完成作业的积极性。

2.结合学校生活

校园内部有众多潜在的教学资源可以用于作业布置，例如校徽、校园环境等。学生在完成趣味英语作业的同时加深对校园文化的理解，深化对校园精神的认同。

3.结合教师生活

对于大部分学生而言，教师带有着一层神秘的面纱。当教师与学生的距离拉近，当学生有更多的机会去接触教师的日常时，他们的学习热情也会日益增高。

4.结合社会生活

作业设计以英语作桥梁，将文化传世界。鼓励学生用英文讲中国故事，用双语展示中华文化。

（三）分层设计突出选择，全面发展培优辅弱

"双减"背景下，作业设计必须考虑班级整体学生的学习情况。给予学生完成作业的难度选择权和内容选择权。

拓展性作业：教师只是作业内容的提供者，学生才是作业内容的决定者。学生选择自己感兴趣的作业内容，在完成作业的过程中积极性会更高，参与性会更强，更加乐于分享。

（四）分别关注听说读写，多样提升综合发展

1. 形式多样化

在作业设计过程中，除传统短语、句子、阅读、写作等形式外，生动的作业可以进行花样呈现，鼓励学生在英语学习的过程中开发头脑，发动智慧，例如：crossword，design your own schedule 等。

2. 评价多样化

闯关式评价，每回合依据学生完成情况给予 A、B、C 等级。

学生作业完成情况分析：教师在进行作业批改、点评和分析时，应基于学生的英语基础进行多元评价，让学生在闯关中体会英语学习的乐趣。

教师对于学生的作业检查分为两轮：第一轮检查，教师根据学生作业完成质量给出 A、B、C 等级；第二轮检查，所有学生在作业讲评后进行修改，正确率需达到 100% 才可以过关。

（五）着眼未来职业成长，夯实基础做好铺垫

1. 关注学生五育成长

可爱的插画，精美的配图，英语作业鼓励学生制作出一张张别致的单词卡片，绘出一幅幅多彩的英语读书小报，用特别的方式强化单词记忆。

2. 关注学生三优成长

在"评价语言"上，教师对学生作业的评价可以更具有针对性，例如"I like your writing"等，让学生通过教师的评价语言能够真正明白自己下一份作业的努力方向是什么，而不是单纯的"夸奖"。

在"评价方法"上，教师可以通过画大拇指、画可爱小动物等方式让学生减轻对作业评价的恐惧心态，让学生更愿意接受教师的评价。

在"沟通方式"上，教师应秉持着"三明治"沟通法则，即面对学生时，先肯定学生积极完成作业的态度以及优秀可取之处，接着指出目前作业存在的问题，并提出改进方向。

（六）大力尝试学科融合，探索教学实践成果

1. 古今融合

在作业设计的过程中可以围绕时代发展下古今文明的对比、古今文明的融合等话题进行作业设计，培养学生立足于当下，发扬新时代文明的意识。

2. 中外融合

在常规课后作业布置过程中，鼓励学生准备课前演讲，主要介绍查阅到的东西方文化的不同。

培养学生理解中外文化的异同以及对优秀文化的认同。例如：理解中外电影、歌曲以及构建的意义和传递的价值观。鼓励学生拥有双语沟通能力、独立思考能力、批判思维和创新能力。

3. 学科融合

将英语与美术学科进行融合，鼓励学生在课后通过绘制海报的形式介绍各地美食。将英语与历史学科相融合，鼓励学生课后搜集材料探索不同时期电脑发展特点。

二、取得的实际效应

（一）对于学生

1. 在轻松作业的引导下，学生英语学习兴趣提高，英语课堂参与感增强，成绩有了显著提升。

2. 学生英语听说能力与读写能力显著提高。

3. 学生的综合素质得到培养。

（二）对于教师

1. 教师树立"以生为本""生本教学"的教学理念，对于"双减"政策与"作业设计"有了更加深刻的认识与理解，对于英语新课标更加熟悉。

2. 教师作业布置更加有整体性、相关性、阶梯性与综合性。

3. 教师教学能力与作业设计能力也得到了充分的发展与提高。

三、实施的经验价值

（一）有助于深入研究《关于进一步减轻义务教育阶段学生作业负担和校外培训负担的意见》等新政策。

（二）有助于落实新的义务教育课程标准。

（三）有助于助力辽宁省新中考研究。

（四）有助于研究沈阳市初中英语教育现状。

初中中国近现代史红色文化主题"三轮七法"中考复习策略

◎曲　乐

一、实践背景

随着教育部颁布的《义务教育历史课程标准（2022年版）》正式使用，红色文化主题作为中国近现代史教学核心内容的地位进一步彰显。复习中教师往往存在重知识、轻能力；学生存在死记硬背，核心素养难落实的问题。初中中国近现代史红色文化主题"三轮七法"中考复习策略，以发掘红色文化的教育价值为宗旨，侧重提升学生核心素养。

二、具体操作细节

（一）第一轮单元主题复习策略

红色文化主题中考第一轮复习通常采用单元主题形式，按照单元分为十个主题。本轮复习侧重基础知识，全面精准熟悉教材，并将本单元各课知识要点梳理出来，形成知识体系。在复习中加强对史料实证、历史解释等核心素养的培养。

1. 思维导图自主总结法

教师借助思维导图呈现本节课需要复习的知识点，学生可以整理本单元各课知识之间的关系。思维导图的使用，能够帮助学生了解知识之间的关系，建构自己的知识体系，有助于学生对知识的记忆和提取。

2. 史料引导法

课堂教学中采用史料引导，有助于学生对历史形成正确客观的认识，培养核心素养。

案例：八年级上册第七单元《人民解放战争》采用了史料引导为主线的复习方法。出示毛泽东《和美国记者安娜·路易斯·斯特朗的谈话》和安娜·路易斯·斯特朗《中国人征服中国》两段史料。通过两段史料印证解放战争时期毛泽东提出的"一切反动派都是纸老虎"著名论断真实可信。使学生初步学会论从史出、孤证不立等史料实证的一些原则。

（二）第二轮跨单元大概念主题复习策略

第二轮复习采用跨单元主题复习策略，以红色文化中"人、事、物、魂"为基础，梳理六大板块专题。在复习中结合知识要点在中考题型中的灵活运用，培养唯物史观、家国情怀等核心素养。

1. 专题情境创设法

在进行跨单元专题复习中，利用资源库中红色历史遗存和纪念建筑图片资源，实施了"中国共产党的红色足迹"为主题的教学设计。

创设情境：假设你要利用暑期探寻中国共产党的红色足迹，请为自己设计一条红色旅游路线。

学生活动：

①根据教材设计红色旅游线路，确定足迹必经的重要地点；

②根据PPT中展示的红色历史遗存或纪念建筑，说出相应的红色历史

事件；

③小组合作，结合教材说说每一处"红色足迹"入选理由，可从事件地位、意义等角度介绍。

通过情境创设，使学生能够通过图片指出相应的红色历史事件并作出历史解释；理清红色事件所处的历史时期及事件间的内在联系，形成较清晰的时空观念。

2. 范例导学法

范例导学可以激活课堂教学的气氛，激发学生学习历史的兴趣，有利于学生历史解释和家国情怀核心素养的形成。

案例：跨单元专题复习——中国共产党的重要会议

①提出学习任务，出示范例：根据表格内容完成对中共一大重要知识点的整理。根据教材整理中国近现代史中中国共产党召开了哪些重要会议。

②以中共一大为例，制定对中国共产党的重要会议跨单元复习框架。学生以小组为单位，对教材中相关会议知识要点进行分类整理。学生通过小组合作，完成分类。

③学生归纳对中国共产党会议学习整理的规律性要点，明确会议的时间、地点、内容，对会议的历史地位和意义进行历史解释，得出历史认识。

④根据对单元主题的学习，布置课后作业：对世界近现代史中重要的会议进行归纳总结，用表格或思维导图的形式呈现。

3. 表格总结对比法

表格总结对比，作为一种历史复习课上常用的教学方法，它能够帮助学生区分两个相近的概念，快速梳理出它们之间的区别与联系，让学生找到新知识的生长点，并对新知识有更直观、更深刻的记忆。因此，表格常用于易混淆概念的复习内容。

4. 习题演练法

一轮复习选择题选题侧重事件基础知识巩固，二轮复习选择题选题应侧重大概念主题类。材料题往往以红色文化主题呈现，因此习题演练法对二轮复习效果更显著。

（三）第三轮中外历史跨单元大概念整合复习策略

第三轮复习课时有限，侧重以时间轴为基础，建立历史事件横纵线性关系的时空框架进行对比，采用时间轴线性对比法。此阶段将中外历史同主题同时空相关知识融合，建立完整的知识体系。复习要求"深入"，在夯实基础知识的同时深入挖掘知识点之间的联系，通过表象的历史知识挖掘历史背后的含义。深入过程中找到知识点之间的必然联系，形成纵线联系和横线联系。利用时间轴线性对比法，可快速建立完整的红色文化主题大概念知识体系，完成同世界史相关内容的对比，直观体现知识点之间的横纵线性联系。

三、实际效应

（一）学生的提升

通过此复习策略，学生不仅有效提升了时空观念、唯物史观等五大核心素养，成绩也得到不同程度的提升。

（二）教师的提升与发展

通过此次研究，教师更新了教学理念、改进了教学方法，个人科研能力获得提升。

四、经验应用价值

"三轮七法"中考复习策略是在多年实践探究中发现、总结与不断完善的。不仅有助于落实新课标的课程理念，而且可以有效地培养学生五大核心素养。红色文化主题也是省考必考专题，此策略可为八、九年级教师备战省中考提供有效借鉴。

"双减"背景下初中语文课后作业创新设计策略

◎王晓宇

一、实践背景

在初中语文教学活动中，作业设计属于重要环节，它不仅是课堂内容的延伸与拓展，而且是检验学生学习成效和教师教学质量的重要手段。从目前情况来看，初中语文作业设计普遍存在着题型单一、缺乏分类；整齐划一、层次不明等问题，而这些都与"双减"政策的要求背道而驰。为此，在"双减"大背景下，要想实现减负增质的目标，语文作业设计必须规范科学。本文主要对"双减"背景下的初中语文课后作业方式进行探索，结合自己的教学实际，尝试探索具有创新性、培养性的语文作业模式。

二、具体操作细节

（一）"双减"背景下初中语文作业的设计原则

1. 主体性原则

在作业设计上要注重激发学生的个体能动性、自主性和创造性，通过为学生创设符合能力发展的任务，让学生在自主、合作、探究的学习氛围中能力得到发展。教师准确地定位自己的角色，充分发挥主导作用，设计能培养学生核心素养的作业内容。

2.因材施教原则

根据学生不同的个体发展差异，制定符合班级大体个性发展的切实有效的语文作业任务，促进学生语文素养的发展。能有效满足不同层次的学生，从而调动各层次学生的作业积极性，实现作业布置分层、弹性和个性化。

3.创新性原则

在"双减"政策下，更应该重视对创新性作业的设计，主要培养学生联想、想象等方面的综合思维能力，尽可能设计发散性的作业，让学生能够在更广阔的空间去想象和思考，这样能够为培养学生创新能力提供良好的机遇，学生也能够在解题的过程中去寻求多种途径和方法，最终确定最佳的解决方案。

（二）"双减"背景下初中语文布置创新性作业的策略

1.坚持四个目标，设计分类化作业

第一是作业设计坚持语文知识目标为导向，学生在完成作业后，能够对所学知识熟练掌握，并且可以将新旧知识相互串联，意在引导学生生成和建构知识体系，了解不同知识之间的关系。以《游山西村》一诗的教学为例，教师可在课前设计和布置支架式的语文作业，引导学生自主生成和建构认知体系，并围绕提示和任务搜集整理资料。

第二是作业设计坚持以语文技能目标为导向，这类作业是希望学生通过完成一些项目式活动获得一些能力，比如读写能力、思辨能力。以《说和做》为例，当结束教学后，教师可设计颁奖词、改写诗歌等作业。

第三是作业设计坚持以语文策略目标为导向，这类作业关注学生的认知发展，依据初中生的思维发展规律，设计联想、想象类的作业，让学生能够灵活地运用不同的思维方法分析和解决问题，以此推动他们的认知发展。以《带上她的眼睛》为例，教师可设计续写结尾、编写剧本等作业。

第四是作业设计坚持以语文态度目标为导向，这类作业重在培养学生正确的情感价值观念，理性的思维模式。在设计作业时，教师要让学生从情感和态度上获得满足感。在《谁是最可爱的人》的教学中，围绕抗美援朝的主要内容和爱国情感基调，教师可设计给烈士写封信的读写作业，强化学生的爱国情感。

2. 精准教学，设计层次化作业

"双减"政策重点强调分层、个性化和弹性化作业的重要性，要求教师杜绝和克服机械、无效作业。为进行因材施教分层教学，首先要深入了解学生，明确学生的个体差异，然后依据学科能力层级设计作业，从完成具体知识到实践型、思辨型作业，更加指向具体学生，帮助学生对学习内容进行理解、应用与内化。

3. 提升自信，实施多元化评价

作业评价对学生具有积极的促进作用。在作业评价的过程中，可以使用竞争性评价；对于大部分学生而言，教师应多用激励性的评价，并指出其学习中存在的不足，帮助其找到努力的方向，让他们感受到自己是被关注与重视的，从而对未来的学习充满希望。

三、实际效应

（一）学生层面

1. 写作能力

通过课后作业进行作文能力的训练，学生对作文的积极性有明显的提升。通过片段式写作训练，集零为整，学生对写作文的语言、结构都有更清晰的认知。学生也由被动写作化为主动写作。让学生养成随时利用文字记录生活的习惯。

2. 口语表达能力

口语表达能力是最基础的语言能力。在设置课后作业时，不仅要设置文字作业，还要设置口语表达相关的作业，这对学生自身的口语表达能力强化十分有利。

3. 思辨能力

在进行初中语文单元作业设计中，通过立足学生的实际，通过创设情境、归纳比较、自主质疑、读后续写等策略在引导拓展学生的思维过程中提升了学生的思辨能力，进而提升了学生的语文综合素养。

（二）教师层面

通过对课后作业进行创新设计，我对作业的布置更有目的性和针对性，因材施教。学生学习效率和课堂效率都有明显的提高，体现在成绩上也是非常明显。教学更清晰，更有方向性。

四、经验应用价值

在进行教学实践的过程中，之前遇到的问题一定程度上都有解决，但有个别基础极薄弱的学生，作业难度上还不是十分符合个人能力，教师还需继续探索。另外，教师在进行创新作业设计时要耗费大量时间，如何高效设计初中语文课后作业，还需更深入探索。虽然目前仍存在理想与常态的差异性及独特性的问题，我将在教学实践中不断探索和深入研究。

能／力／擢／升

NENG LI ZHUO SHENG

初中物理实验的创新方法

◎闻天楚

初中物理教材编入了大量实验，但从教学效果上来看，教材中的实验器材、方案还有很多不足，学生对某些实验理解困难，需要对一些实验进行创新或改进，为学生提供更多的感性认识。

一、操作过程

（一）对"探究实验"部分的创新

1.创设小实验——帮助理解操作步骤

做探究实验时，学生明白了实验的操作，却并不理解实验器材为何这么设置，这就会导致遇到相似实验会混淆。在实验教学中不妨设置一些小实验，让学生动手操作，理解实验步骤。

案例：在《测平均速度》实验中，让学生分别用停表测量气球和石块下落的时间，在通过总结气球和石块的优缺点的基础上，改进这节课的实验器材，学生自己就会提出让坡度缓一些，放个挡板听声计时更准确，之后再讲解实验器材作用就理解得非常透彻。

2.将"做"题变成"做"实验——增加探究项目

对于探究实验，考试题目会拓展很多，这要求学生要根据已学知识推断现象，这对于一部分孩子来说是个难点，所以在进行探究实验的过程中增加实验步骤让孩子继续深入探究。

案例：《凸透镜成像的规律》这节课中，让学生用这套器材额外做了很多习题中出现的实验：

（1）在找到像后，将蜡烛与光屏对调位置，再次观察。

（2）用手遮住透镜一半，观察成像有何变化。

（3）分别上下移动蜡烛，透镜，光屏，观察像的移动等。

这样将做习题变成做实验，对知识的理解就更加深刻。

3.改进实验器材——变抽象为直观

物理有些概念，例如磁场，只能靠想象、比喻等方法帮学生进一步理解，此时若能将这种看不见的物体以某种形式做出来，给学生直观的感受，更便于理解。

案例：在学习《磁生电》这节课时，由于磁场是看不见摸不到的，学生体会不到"切割磁感线"的含义，利用一些钢针模拟了一些"磁感线"，用细线绑住钢针底端固定在塑料板上，当导线划过钢针后，钢针依然能够竖直立在磁体上，能使学生深刻感受切割磁感线运动。

（二）对"想想做做"部分的创新

1.通过视频放大实验现象

网上有很多原理相同的大型实验和创新的实验，多让学生观看，能发散学生思维，或者通过自己录制视频的方式，课前录制好，这样保证每个学生都能看得到。

2. 自制实验器材——观察细微现象

通过自制教具可以观察到细微的实验现象，培养学生的观察能力。

案例：在《密度与社会生活》一课中，用一个大的塑料水瓶剪掉瓶底，罩住酒精灯，另一个矿泉水瓶也剪掉瓶底，将其瓶口从侧面插入大塑料瓶瓶身，组成"L"形状，再配合烟雾，能清晰地看到水平方向烟雾的流动，从而理解风的形成。

（三）其他创新实验的来源

1. 从习题中创新

在讲习题课时，对某些习题增加了小实验环节，能够引起学生兴趣，使学生印象更加深刻。

2. 从教材插图中创新

教材上有些插图，若以实物方式呈现，更立体更生动，教学效果更好。

案例：在《眼睛和眼镜》一课，教材中出示了近视眼远视眼矫正的光路图，我们可以用两根激光笔模拟远处或近处物体射出来的光，再在白纸上画一个直径稍大于为镜焦距的圆当作人眼，配合小块凸透镜和凹透镜观察矫正后的光路图。

3. 从书后习题中创新

书后习题蕴藏了很大的创新资源，很多课后习题均是以图片为主，将其做成实物。

案例：《液体压强》书后习题中出现的"地漏"，可以用矿泉水瓶自制实验器材，并配合烟雾，形象地演示了生活中的返味现象。

（四）让创新实验与生活紧密相连

1. 实验器材选择生活常见物品

物理来源于生活，所以在创设实验时，尽可能用生活中常见物品。

案例：在《声音的特性》这节课的教学中，选择橡皮筋和吸管，设置了一些小实验："如何使吸管发声？""如何改变声音？"学生用剪刀改变吸管长度来改变音调，从而得到管乐器的吹奏原理。通过小实验，了解各种器材在演奏中是如何改变音调的。

2.用创新实验能模拟生活情境

物理应用于生活，以此为背景创设小实验，让物理与生活紧密结合。

案例：《眼睛与眼镜》一课，创新设置了"体验远视眼"的小实验，放置一个凹透镜在眼前，观察近处物体，发现看不清。继续利用手中透镜尝试矫正视力，通过模拟配眼镜的过程，选择合适的透镜叠加到眼前，观察现象直至清晰。学生能很快理解远视眼的矫正过程。

3.用创新实验解决生活问题

通过创新实验让学生感受到学以致用的快乐。

案例：《眼睛和眼镜》中，创设配眼镜的情境，器材的选择是做凸透镜规律的全套器材，每组配了画有眼睛的纸板，凸透镜相当于晶状体，光屏相当于视网膜，选择凸透镜或凹透镜放在蜡烛和透镜之间调节直至成像清晰，观察所选透镜，并能通过现象解释矫正原理。

二、实际效应

创新实验提高了学生学习物理的兴趣，开拓了思路，并且学会了深入思考，有效提高了实验能力。教师在备课过程中实现了自我提升，与学生共同成长。

三、经验应用价值

新课标对丁物理教学新增加了"实验探究"主题，目的是体现物理课程实践性的特点。通过对实验的创新，在做实验的过程中培养学生动手操作、收集数据、分析和处理数据的能力，也能够激发学生的学习欲望从而提升学生的核心素养。

初中英语写作教学的发展区反馈法

◎赵斯文

一、实践背景

在经济全球化的大背景下，各个行业都有英语写作方面的需求。《义务教育英语课程标准（2022 年版）》还对初中阶段英语写作教学提出了明确要求。但在笔者从初一到初三的教学实践中不难发现，英语写作是困扰初中英语学习者的一大难题，很多初中生都患上了"英语写作恐惧症"。主要有三点原因：老师反馈的内容学生不认可；学生在认识程度上与教师存在较大差距；反馈所提供的内容单一，很难引起学生的注意和反思。

基于这种现象，笔者试想，如果学生改写的东西恰好在自己的认知水平之内，那么，学生内化的效果必然会更好。为此，作者尝试探索出一种有效的英语写作反馈模式，使英语写作的教学案例更加丰富。

二、操作细节

（一）了解学生已有的反馈方法及对其态度

在教学和与学生交流的过程中，我了解到他们以前经历过的作文反馈方式，主要是以显性反馈为主，也就是教师对题目直接给出答案；或隐性反馈，即老师划错了，由学生自己改正。学生对这样的反馈态度消极，没有很高的认同度。

（二）面批面改，提供发展区反馈

作者在充分了解学生的情况后，根据学生的实际水平布置了写作任务，对学生进行了面批和修改，并将发展区反馈意见在交流过程中落实。在笔者提供发展区反馈的过程中，发现了三种教学现象，对广大教师应用发展区反馈有很多启示。

1. 不同的学生具备不同的最近发展区

不同的学生对同一目标语言点的掌握程度不一样，所处的位置也不一样。对于初中男生，老师可以培养他们的能动性；对于女生来说，老师应该培养独立学习和思考的能力。对学习成绩优秀的学生，鼓励他们加强与老师、同学的沟通，利用好各种有效媒介及相关资料；对于学习成绩一般的学生，教师应增强其自我协调能力。

2. 发展区反馈有助于学生内化语言知识

在发展区反馈的干预下，对待同样的语言现象反应更快。发展区的反馈帮助学生内化语言知识，帮助学生建立语言机制。也就是说，当学生再遇到类似的语言现象时，就不会再迷茫了，而是能够自主地进行语言运用了。

3. 发展区反馈促进学生英语语言能力提升

作者除了注意学生写作的语言准确度外，还对其他方面的意见进行了反馈。作者通过对话和启发，激活了学生的知识储备，能够将所学知识活用于写作之中。同学们对自己的英语语言学习水平比较满意，也增强了写作的底气。

教师所提供的反馈应是渐进式特征的转换，或由暗示性、明确性地指出。反馈应该是适时的，当学生表现出有独立完成的能力时，反馈应该停止。通过对话协商，找出学生近期发展区域的核心活动内容。

（三）反思学生的态度、动机及对现有反馈的态度

在提供了发展区反馈之后，笔者对提供反馈的效果进行了深刻的反思，这也是老师们在进行这种体验操作时必不可少的一环。学生们都表示，对发展区的反馈意见很感兴趣。他们对英语写作也比较有信心和兴趣，而且最重要的是，他们觉得自己越来越有主见。学生们对发展区持有好的态度，以十分积极的心态参与到师生互动中来。

三、实际效应

（一）学生的变化

1. 写作能力的变化

发展区的反馈对学生英语写作能力的提升是积极的，能够在不同程度上促进学生英语写作能力的发展。通过整体评价发现，每个学生在英语写作的整体能力、准确性、流利度、复杂性等方面都有不同程度的提升。这些程度较高的学生在写作上的发展相对较小（但仍有发展），程度较低的学生在英语写作上的发展相对较大。这对于处于义务阶段的教育来说，是至关重要的。

2. 主观能动性的变化

学生对基于近期发展区理论的写作反馈方法给予了较高的认可，由之前的消极对待常规写作反馈转变为积极对待的态度。学生们认为，在与老

师的互动和请教中很有效果。学生在接受了发展区的反馈意见后，对英语写作的反馈意见有了新的理解，态度也转变为更积极地接受。同时，同学们逐渐建立起英语写作的自信心，对英语写作的学习兴趣也随之提高，学习英语写作的融会贯通动力也随之增强。

3.学习方法的变化

发展区的反馈很大程度上提升了学生的写作兴趣和信心，在中考前的冲刺备考中，同学们积极准备，自主修改作文，三种形式，分为一篇稿子。并根据自己的水平，主动建立了个人的作文选集，以便在中考英语作文的这一部分中做到游刃有余。

（二）教师的变化

作者的教学方法有了很大的改进，正所谓长袖善舞。作者一改传统做法，认为教师的作用不再仅仅是提供给学习者丰富的语言环境，而是通过语言这一认知工具，开发学习者的思维，让学习者掌握学习方法，独立解决问题，在达到自己潜在的程度后，完成语言任务。随着信息技术的高速发展，越来越多的手段和媒介可以用于沟通。教师可以充分利用现代传播媒介，通过QQ、邮箱、博客、多媒体课件等多种方式与学生进行沟通。

四、经验价值

作者将近期发展区与纠正性反馈相结合，给英语老师提供了一种新颖的作文方法，具有很强的创新性。这种反馈法适用于初一到初三任一学段的英语写作教学，具有广泛的应用性。在增强学生文字表达能力的同时，有利于促进师生感情的增强。

初中生地理读图能力三步训练法

◎王红颖

地图被誉为地理领域内的辅助语言。初中生普遍觉得地理信息难以记忆，学习难度较高。基于这些情况，初中地理教学要加强对学生读图能力的训练。

一、培养读图能力的必要性

（一）新课程标准要求

《义务教育地理课程标准（2022年版）》中明确要求："教学中创造机会让学生积极参与收集、整理、分析地图"，"通过自主学习和合作探究，教会学生读图、释图、填图、绘图的方法和技巧；培养学生读图、用图的习惯和意识。"

（二）新课程改革重视

随着新课程的改革，地理的教学要求有了较大的变化，尤其针对学生的读图能力这方面。充分发挥地图资料的潜力，提升学生解析地图的能力。

（三）历年中考命题现状

从近年来地理中考的试题来看，图表题几乎是必现。试题设计者通过多种手段，包括以图考图、以文考图、以图代文等多角度、多样式地评估学生解读和应用图表的技能。

（四）地理读图能力现状

初中生学习地理的难点所在：忽略地图在学习中的重要性，缺乏使用地图的习惯。对地图解读的吃力可能拖累学生的学习效率，影响成绩，使得众多学生对地理的学习感到困难。

二、三步训练法提高初中生地理读图能力

（一）看图

看图，主要进行正确观察地图，让学生能够独立完成相关地理事物的查找，主要运用排障碍法、思顺序法、变角度法、重整体法进行看图，为课上顺利开展读图打好基础。

1. 排障碍法

看图时要排除障碍。比如，一些同学在解读"城市工业布局图"时，会觉得难以掌握。问题往往出在他们对"风向图"的认知上。明白了风向图，就能更顺畅地把握风向与产业分布间的联系。

2. 思顺序法

阅读地图时应当注意顺序性。拿世界石油资源地图来说，开始得判断石油分布是否平均，看其在南北半球的分布差异，接着观察具体分布于哪些地区和国家，进而分析出口地和进口国的情况。

3. 变角度法

需调整观察地图的角度。比如，在研究一幅世界政区图时，可以通过

多元的视角回顾有关地理位置的知识，依照东西半球分界线、赤道、回归线及极圈等重要线索，搜寻这些线索穿越了哪些重要的国家及地区。

4.重整体法

需重视全局观察地图。以北京的地理位置为例，应当考量其与周边城市的相对位置关系。如此全面地审视地图，有利于建立对地理事物在空间中的位置、分布的准确理解。

（二）记图

记图，主要进行因势利导，引导学生从多个切入口进行记忆，进而帮助学生养成自主开展记图的习惯。主要采用如下四种方法入手，即词图对照法、信号提示法、看文思图法、图形赋意法。

1.词图对照法

我们应对信息进行适当的加工处理。例如，亚洲和欧洲的分界线是一系列的山脉、河流、湖泊及海峡，创造性地编成易于记忆的"乌乌里，大黑土"。

2.信号提示法

我们需对地图所蕴含的信息进行解读、处理、重构以提升其准确性；缩减其覆盖面，避免不必要的信息干扰。

3.看文思图法

掌握地图知识的核心在于发觉各种特点、领会相关概念、揭示其中规则和阐释成因。在教学过程中应重视培养他们阅读并解释地图的技巧，学会提炼关键信息，并通过课后的讨论等形式，让书本上的知识在地图的应用中生动起来。

4.图形赋意法

将地理事物置于人工构建的几何结构中。以中国地图的形状像一只巨大的公鸡为例，能够将其划分为六个部分：头部、背部、尾巴、腹部、足部、臀部，分六个小区域来识记中国的 34 个省级行政单位。

（三）析图

析图，主要是分析判断，层层剖析，找出规律，从而巩固课上所学的读图的思路方法，最终是帮助学生养成自觉用图读图的习惯，基本上引导学生采用如下四种方法进行分析地图，即同类比较法、理解原理法、注重联系法、辩证思维法。

1. 同类比较法

指导学生通过对相似地理现象的对照研究，深入探讨背后的成因。例如，为何欧洲有较大范围的温带海洋性气候，而北美洲的相应气候带则面积较小，且形如细长条带状展开？可以让学生加以对比分析。

2. 理解原理法

解读地图时必须深入领会并应用关键概念。我们应当细致分析图表，全面掌握其所隐含的关键原理，并预设其可能发生的改变。这样才能运用基本原理应对各种复杂多变的情况。

3. 注重联系法

解读地理图像时，需关注知识之间的关联性。探讨初中地图时，如果图示信息涉及高中阶段的地理概念，应用高中地理的根本原理来引领对初中地理知识的探究，做到由浅入深地剖析。

4. 辩证思维法

解析地图时，需要辩证地思考。探讨图像时，须避免用单线、固定或静态的思维去解读问题。应当既揭示普遍的地理原理和成果，也要针对特定状况做出具体的剖析，不可忽略零星事件和独特的情况。

三、结语

综上所述，"一看二记三析"的引导学生提高读图能力的训练法符合初中生认知水平。对于学生而言，对地理学习的兴趣提高了。经过长期的训练，学生读图能力有了很大的提高，同时学生的地理测试成绩也有稳步提升。对于教师而言，在教学方法、教研、课堂组织等方面都产生了积极的影响，极大地促进了教师自身的专业发展。

初中生地理空间定位能力三步培养法

◎门虹利

一、培养初中生地理空间定位能力的必要性

（一）新形势下的时代需要

目前，地理教育改革在世界各国进行着，讨论得最为热烈的话题无非是对学科能力的培养，尤其是基础教育对初中生的培养是格外重要的。

（二）学生能力培养的需要

地理教学中，要想使初中生获得较高的发展水平，就要有意识地培养他们的学科能力。而地理空间定位能力正是非常基础性的一种学科能力，也是培养起来最有抓手切实可行的。

二、初中生地理空间定位能力三步培养法

（一）地图教学法

地图进行视觉辅助教学，可以把教学内容生动地呈现在学生面前，而

且现在的地图种类很多，不同类型的地图有不同的功能。最重要的是锻炼学生的识图、读图、指图、绘图等的地理能力，让学生对地理事物空间之间建立联系，对地理事物分布的空间位置更清楚。

1. 看地图

看地图，首先要看图名和图例，提取重要的地理信息。然后要看整体和局部，对整张图进行整体扫描和局部聚焦，在地理学中空间尺度很重要，一定要注意研究的范围。

2. 记地图

记地图，首先要记名称和位置。一定要在地图上进行识记，因为考试都是以地图为载体来进行考查的。然后记特殊，图中特殊的地理事物，比如地理分界线等，因为这些往往是考试中的考点。

3. 画地图

画地图，首先画地理略图，建议先照着画，再背着画。例如，在学习《地形和地势》时，需要识记山脉和地形区，我们就可以用线条和图形来表示这些地理事物。然后画思维导图，在地理略图的基础上，我们可以联系其他地理事物，归纳总结。

4. 用地图

利用地图帮助学生确定出地理事物空间的地理位置关系，进而形成各种地理事物之间的空间概念，使学生获得各种地理分布关系，然后描述分析和概括，锻炼学生地理空间定位的表达和分析概括能力。

例如，在学习《亚洲》时，教师可以展示一幅世界地图，让学生说出亚洲的位置范围。这是整体扫描，培养地理空间感知能力以及地理位置描述的语言表达能力。然后再展示一幅亚洲地图，让学生分析概括出亚洲的地形、河流和气候的特点。这是局部聚焦，培养地理位置分析评价能力和与其他地理事物间的空间联系。

（二）多媒体教学法

使用多媒体课件，优点就在于很大程度上提高了初中生学习地理空间定位的兴趣，降低了很多抽象的不容易理解的地理内容的难度，培养学生地理空间的思维能力。

1. 演示互动

利用多媒体手段让学生爱听、爱看、爱学，这就要求教师在制作多媒体课件时，多找一些学生感兴趣的素材，进行演示互动，化难为易，有效地培养学生的地理空间定位能力。

例如，在学习《地球的运动》时，可以采用多媒体教学，教师还可以放一些相关的视频，帮助学生理解和想象，提高学生的地理空间定位能力。

2. 实践制作

在教学中，我们可以利用谷歌地球软件进行地理空间定位，同时进行实践制作，让学生可以直观地看到整个地球的任意角落，可以轻松地使学生理解抽象难懂的内容，这将会提高学生的地理空间定位能力。

例如，在学习《疆域》时，可以利用谷歌地球软件来进行辅助教学。打开谷歌地球软件，选择图层的选项，使用图像叠加，覆盖完各个省级行政区的轮廓就会十分清晰便于讲解，更有利于培养学生的地理空间定位能力。

（三）实践活动教学法

在教学中进行实践活动来培养初中生的地理空间定位能力，一方面教师变换了地理教学思路可以有更多的教学方式呈现，另一方面调动了学生的积极性，还符合新课标的理念要求更贴近现实生活，提高教学效率和质量。

进行实践活动帮助学生对地理空间定位方面的认识和理解，让学生可以在亲身实践体验的情况下，学习到地理事物之间的位置关系和空间上的联系，更有助于对地理方位和距离的空间感知以及地理位置空间关系的理解和思考，有利于帮助学生拓展地理空间思维，培养他们的地理空间定位能力。

例如，在学习《地图的阅读》时，可以带领学生在校园里进行校园定向越野活动。学生在活动中学习地图的阅读，并且通过自己的亲身实践理解、巩固和训练对地图的认识，从而培养自己的地理空间定位能力。

三、结语

综上所述，提出初中生地理空间定位能力三步培养法：地图教学法、多媒体教学法、实践活动教学法。初中生的地理空间定位能力不是一两天能确立的，需要教师反复强调与引导，尤其运用多种教学方法在课堂中要反复渗透。经过长期的培养，学生的地理空间定位能力得到提高，同时教师的地理综合素养及空间教学能力得到提升。

初中生地理空间定位能力的培养是初中教学阶段的一个核心目标，落实核心素养的培育要求，在初中教学中有着基础性的作用。初中生地理空间定位能力三步培养法，是在长期探索实践中形成的，具有广泛的应用价值，值得更多教师深入实践完善。